走出思想的边界

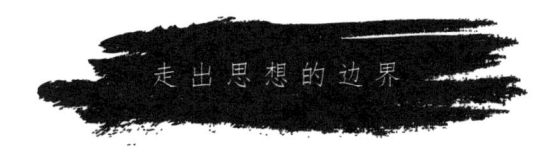

knowledge-power
读行者

# 中国是从哪里来的

通史篇 ③

邓小南 等 著

图书在版编目（CIP）数据

中国是从哪里来的.通史篇.3/邓小南等著.--
长沙：岳麓书社，2024.7
 ISBN 978-7-5538-2093-4

Ⅰ.①中… Ⅱ.①邓… Ⅲ.①中国历史—通俗读物
Ⅳ.① K209

中国国家版本馆 CIP 数据核字（2024）第 101278 号

ZHONGGUO SHI CONG NALI LAI DE.TONGSHI PIAN.3
中国是从哪里来的.通史篇.3

著　　者：邓小南 等
责任编辑：丁　利
总 策 划：谭木声
监　　制：秦　青
策划编辑：康晓硕
营销编辑：柯慧萍
封面设计：崔浩原
版式设计：李　洁
内文排版：麦莫瑞
岳麓书社出版
地　址：湖南省长沙市爱民路 47 号
直销电话：0731-88804152　88885616
邮编：410006
2024 年 7 月第 1 版　2024 年 7 月第 1 次印刷
开本：680 mm × 955 mm　1/16
印张：18
字数：207 千字
书号：ISBN 978-7-5538-2093-4
定价：58.00 元
承印：三河市天润建兴印务有限公司

若有质量问题，请致电质量监督电话：010-59096394
团购电话：010-59320018

宋太祖赵匡胤像

王安石像

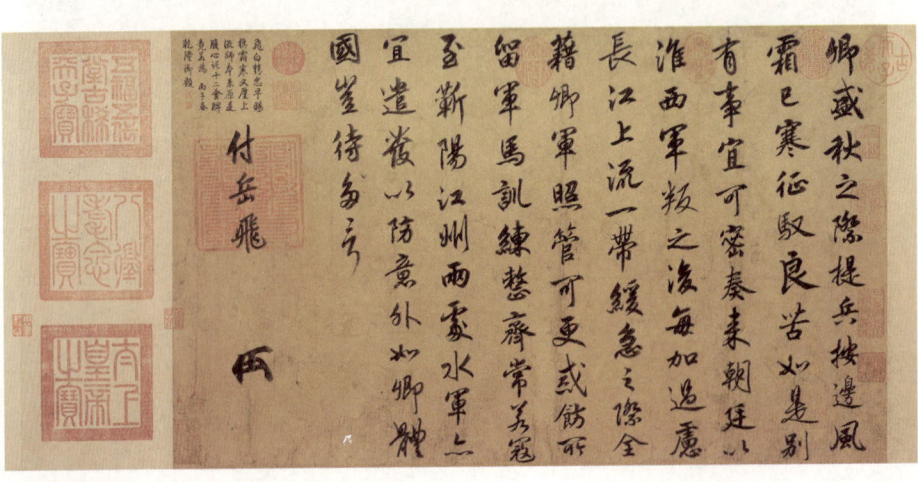

宋高宗赵构《赐岳飞手敕》

刘松年《中兴四将图》（南宋）

陆游像

朱熹像

明太祖朱元璋像

康熙、雍正、乾隆像

平定廓尔喀得胜图（其一）

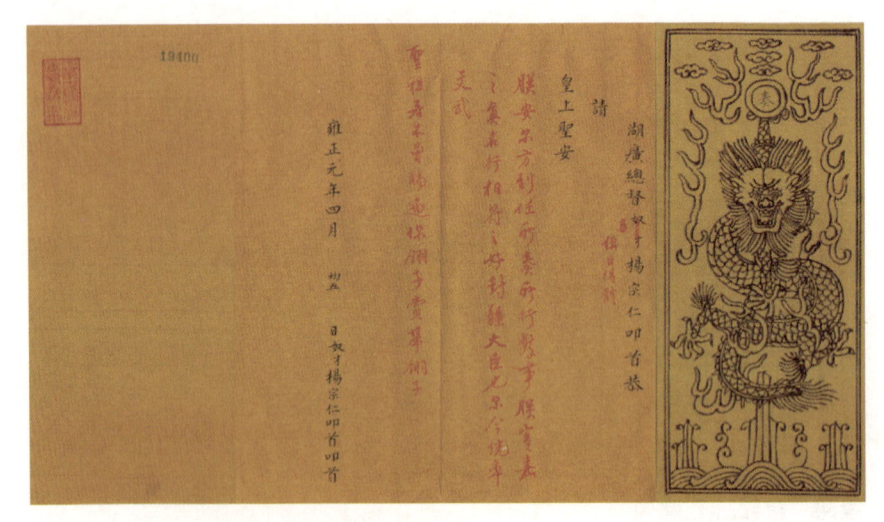

雍正朱批湖广总督杨宗仁奏请安折

英国画家威廉·丹尼尔笔下的广州十三行

# 目录 Contents

## 第一章　宋　元
### ——多民族政权并立的时代

赵匡胤与宋朝的建立 /002

"斧声烛影"之谜 /010

宋辽和战与澶渊之盟 /019

范仲淹与庆历新政 /028

王安石与熙宁变法 /038

内外交困下的靖康之变 /048

不平等的和平：绍兴和议 /059

失败的宋孝宗北伐 /068

宋蒙之战与南宋灭亡 /076

防弊之政：宋代的"祖宗之法" /086

科举制度：新型士人的出现 /097

文官制度：权力机制与制衡 /110

蒙古的崛起 /119

蒙古版图的扩张 /126

元朝的建立与统一 /134

元朝中后期的政治 /142

元朝的国家制度 /149

## 第二章 明 清
——统一多民族封建国家的巩固和发展

贫寒天子与内敛的明代中国 /158

"靖难之役"与永乐帝的边疆开拓 /167

"三杨"与明朝的内阁 /176

多面的宦官与被误解的历史 /184

王阳明的疏离与完美 /193

"倭寇""板升"与走向远方的明人 /202

晚明中国的救亡图存与走向崩溃 /213

关于"康乾盛世" /221

收复边疆与有效的行政管辖 /230

西师与新疆、西藏的统一 /239

朱批奏折与军机处 /249

惩贪与治吏 /259

文字狱和闭关锁国 /268

# 第一章 宋元
## 多民族政权并立的时代

# 赵匡胤与宋朝的建立

文：游彪

## 赵匡胤的家世与早年经历

赵匡胤祖籍保州清苑（今属河北。此按《辽宋西夏金代通史》，《宋史》作"涿郡"），其高祖和曾祖都是唐朝的官员，但官职不高。高祖赵朓曾任县令，曾祖赵珽是藩镇卢龙节度使下属的从事。赵匡胤的祖父赵敬大致生活在五代前期，《宋史》中说他担任过涿州刺史。

赵匡胤的父亲赵弘殷后梁时跟随成德军（治恒州，今河北正定）节度使王镕起家。后晋与后梁争霸时，他奉王镕之命率500骑兵援助晋王李存勖攻打后梁，因作战骁勇，被李存勖留用。同光元年（公元923

年），李存勖建立后唐，是为后唐庄宗。赵弘殷任禁军将领，迁居洛阳（今河南洛阳）。赵弘殷本有一长子，名赵光济，不幸夭折。后唐天成二年（公元927年），次子赵匡胤生于洛阳夹马营。过了12年，后晋天福四年（公元939年），三子赵光义（即宋太宗）生于开封浚仪。又过了8年，天福十二年（公元947年），四子赵廷美出生。五子赵光赞早夭。可以看出，赵匡胤兄弟的年龄差距还是比较大的。赵匡胤还有两个姐妹，分别为陈国长公主（未笄而夭）和燕国长公主。赵匡胤的母亲杜氏，是定州安喜人。

赵匡胤早年注重学习文化与武艺，并外出游历各地，对社会现状与人情世故有较为深入的了解。父亲赵弘殷历经后梁、后晋两朝，但均未获得升迁（见《东都事略》卷一）。直到后汉乾祐元年（公元948年），赵弘殷因讨伐王景崇有功，升任护圣都指挥使。同年，枢密使郭威（即后来的周太祖）征讨李守贞，赵匡胤应募从军，时年22岁。

后周建立后，赵匡胤担任禁军近卫班直的东西班行首（后属殿前司），仍是低级军官。显德元年（公元954年），后周太祖郭威去世，其养子柴荣即位，是为周世宗。北汉主刘崇闻讯，认为后周皇帝去世，正是兴兵征讨的时机。于是，他遣使请求契丹发兵相助，谋求合力攻打后周。

北汉与契丹联军来势汹汹，世宗柴荣决定率军亲征，

宋太祖像

这次战役史称"高平之战"。交战不久,后周大将樊爱能、何徽就带领所属骑兵溃逃了,情势一度十分危急。这时,赵匡胤在军中鼓舞士气,又向长官张永德请战,二人各自领兵2000人分左、右翼围攻敌人。赵匡胤身先士卒,径直冲向北汉军前锋。在合力攻击下,他们击败了北汉军队。战后奖赏高平之功,张永德在世宗面前竭力称赞赵匡胤的智勇,于是赵匡胤被提拔为禁军高级将领,此后不断被委以重任。

高平之战中,士兵的溃逃现象和散漫作风暴露了禁军的各种弊端。周世宗命赵匡胤负责整顿禁军。赵匡胤将禁军中武艺超绝的士兵选入殿前诸班,同时将新招募的士兵中的身体强健者直接招至殿前司。此后,殿前司的实力大大增强,赵匡胤在选拔过程中也慢慢培植了忠于自己的势力。此外,赵匡胤还拉拢了一批军官结为"义社兄弟",其中包括杨光义、石守信、李继勋、王审琦、刘庆义、刘守忠、刘廷让、韩重赟、王政忠等人。这些人及他们属下的将士日后成为赵匡胤发动兵变、代周建宋的主要力量之一。

显德三年(公元956年),周世宗亲征南唐的淮南之地,赵匡胤也随军出征,夺取了滁州。宰相范质根据刘词的推荐,任命有"半部《论语》治天下"之称的赵普为滁州的军事推官。正是在此时,赵普的才智得到了赵匡胤的赏识。同年十月,赵匡胤因战功升任匡(入宋后避讳改称"定")国军节度使(治同州,今陕西大荔)兼殿前都指挥使,成为后周朝少数几位级别和地位很高的将领之一,这时他年仅30岁。

在被任命为匡国军节度使后,赵匡胤随即建立起节度使幕府。赵普被辟为节度推官,沈义伦被辟为从事,吕余庆任掌书记,他们后来都成为赵匡胤的心腹谋臣。

## 赵匡胤得势与陈桥兵变

周世宗北上征讨辽朝时，有人在公文中夹带一块木板送给世宗，上书"点检作天子"。此时周世宗已经患上重病，返回汴京途经澶州（今河南濮阳）时，下令解除了禁军最高统帅殿前都点检、周太祖之婿张永德的兵权，任命北伐军水陆都部署赵匡胤为殿前都点检，取代了颇具声望和地位的张永德的位置。除此之外，世宗对宰相府、枢密院这两个中央最高行政、军政机构进行了改革。他任命文臣范质、王溥、魏仁浦和武将吴延祚、韩通共同辅佐幼帝，以宰相府参决军事，而枢密院参决政事，五人之间互相监督，互相牵制。后周世宗与其顾命大臣的本意，无疑是巩固少主帝位，客观上却给赵匡胤发动兵变提供了有利条件。在京诸将除了韩通以外，地位都在赵匡胤之下。可以说，赵匡胤已经具备了发动兵变的实力。

后周世宗安排好后事，不久便病死。七岁的柴宗训继承帝位，是为恭帝。史称此时"主少国疑"，之所以有此一说，是因为世宗死后，禁军力量彻底脱离了中央朝廷的掌控。此时殿前司的高级将领中，慕容延钊和赵匡胤平日往来密切，石守信和王审琦更是当年的"义社兄弟"。而郭威外甥李重进被派到遥远的扬州任淮南节度使，虽仍保留中央军职，但已经远离首都。侍卫亲军司实际上由北伐有功的韩通控制，但因为他刚刚得以升迁，在军中尚未树立起威信，因而构不成太大威胁。

显德七年（公元960年）正月元旦，赵匡胤指使他人谎报北汉与辽朝军队入侵。朝廷得报，立即决定派殿前都点检赵匡胤率领禁军北上抵御。第二天，殿前司副都点检慕容延钊带领前军先行出发。京城里传言，"将以出军之日，策点检为天子"，致使京城居民异常恐慌，

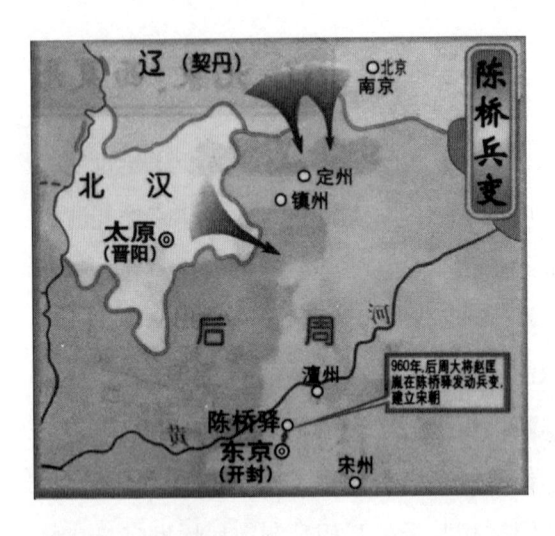

陈桥兵变示意图

争相逃避。第三天，赵匡胤亲率大军开出京城，纪律严明，于是城中军民逐渐安定下来。下级军校苗训趁机进行煽动，说天上有两个太阳，其中有黑光闪烁，这是暗示天命当有所归。当晚，部队驻扎在开封东北40里的陈桥驿，赵匡胤及其心腹一面派人返京告知石守信和王审琦从中接应，一面就地动员将士，准备黄袍。翌日清晨，陈桥众将士聚集在赵匡胤门前，有人将黄袍披在赵匡胤身上，众人在庭下叩拜，高呼万岁。

由于早有内应，大军兵不血刃地进入京城。入城前，赵匡胤告诫全军，不得欺凌后周少帝、太后和公卿大臣，也不得纵兵夺掠、抢劫府库。赵匡胤先派潘美到朝堂告谕执政大臣。文官们闻变大惊，只有侍卫司实际长官、负责京城防卫的韩通从内廷飞奔而出，准备组织抵抗，途中被王彦升发现，追至其家中将他杀死。

韩通被杀后，京城中再无反对赵匡胤称帝的武装力量，范质等大臣亦无可奈何。就这样，从假称契丹入寇到兵变登基，一共才用了5天时间。由于赵匡胤在周恭帝时改任归德军节度使，而归德军原本治唐代的宋州（今河南商丘），于是定国号为宋，改元建隆。赵匡胤时年34岁。

## 宋朝的建立与统一

依靠兵变推翻后周建立起来的赵宋政权，面临的紧迫任务是稳定形势，收复人心。为此，以宋太祖赵匡胤为首的最高统治集团针对不同情况采取了一系列措施，恩威并用，软硬兼施，迅速稳定了政权。

对后周遗留君臣，宋朝表面给予优待，暗中却严加防范。宋朝加封退位的柴宗训为郑王，符太后为周太后，将其迁往西京洛阳，两年后又迁往房州（今湖北房县）。赵匡胤的亲信幕僚刘熙古、吕余庆等人被安插进中央政府，心腹谋士赵普被安排在要害机关枢密院。不久，又以加官晋爵的方式暗中夺去范质、王溥参知枢密院事之权。

此次兵变中有拥戴之功的石守信、高怀德、张令铎、王审琦、张光翰、赵彦徽六位开国功臣都得以加官晋爵，并被委以要职。其中石守信和王审琦属殿前司系统，又都是太祖"义社兄弟"，石守信被列为宋朝开国第一功臣，升任侍卫亲军司的副长官副都指挥使，掌握了侍卫亲军司；王审琦升为殿前司第三长官都指挥使，继续控制殿前司。其余四人也分别升任殿前司和侍卫亲军司的高级将领，从而稳定了京城的军事形势。同时，安抚率领重兵北巡的侍卫司

元代画家钱选摹仿北宋宫廷画家苏汉臣《宋太祖蹴鞠图》，相传图中画的是宋太祖赵匡胤、宋太宗赵匡义（光义），与大臣赵普、郑恩、楚昭辅、石守信六人在踢球（上海博物馆藏）

副长官韩令坤以及先一日领兵北上的殿前司副长官慕容延钊，授予他们"使相"的要职，即升任节度使，并同时授予同平章事（相当于宰相）的头衔。

赵匡胤并无大功于后周，他的即位不免引起部分深孚众望的后周节度使的不满。昭义军（治潞州，今山西长治）节度使李筠与淮南节度使李重进相继举兵反宋，但他们的叛乱仅半年左右便被平定，其他节镇不得不表示归顺。

平叛后，赵匡胤问计于赵普："自唐末以来，数十年间，皇帝十易其姓，兵革不息，苍生涂炭，是为什么呢？朕想要天下长治久安，该怎么做呢？"赵普回答："陛下能说出这种话，实在是天地人神的福分。唐末以来，国家动荡，无非是因为节镇太重，君弱臣强而已。现在要节制藩镇，就要稍夺其权，制其钱谷，收其精兵，这样天下自然就安定了。"赵匡胤采纳了赵普的意见。

不久后，赵匡胤专门设宴，将石守信、王审琦等人请入宫中。酒酣之际，他对这些功臣宿将说道："我能当上皇帝，多亏了你们，但当皇帝还不如做个节度使快乐，我最近一直无法入睡。"众将大惊失色，纷纷表示自己毫无异心。赵匡胤回答："你们没有异心，但不能保证你们的部下不想大富大贵。一旦黄袍加在你们身上，你们还能怎么办呢？"在赵匡胤的劝导下，石守信等人第二天就上表称病，请求解除自己的兵权。赵匡胤劝告他们，日后出守藩镇，广置田宅，饮酒作乐，是为"杯酒释兵权"。从此，禁军不再设殿前都点检一职，也不再同时设置侍卫亲军司的正、副和第三长官，因而他们的地位大为下降。

八年后，宋太祖赵匡胤又以相同的方式夺去了其他各地节度使的兵权。为了削弱节度使的行政权，朝廷派遣文官担任知州、知县。

至宋太宗时期,地方行政长官基本都换成了文官。这就是赵普所说的"稍夺其权"。"制其钱谷",就是要限制节度使的财政权。赵匡胤派人出任诸道转运使,将一路各州县所属财赋运输到汴京或朝廷指定的地方,将此前节度使以各种名目截留的财物一律收归中央。"收其精兵",就是要将各地精兵收归中央。赵匡胤命人到地方挑选精兵纳入禁军,并加以严格的军事训练。各地地方军经过挑选后,剩下的作为"厢军",一般用来完成力役或者维护地方治安,再也无力与中央禁军抗衡。

自平叛之后,宋朝基本继承了后周的统治范围。赵匡胤采纳了后周以来"先南后北"的统一战略,相继平定了南方荆南、湖南、后蜀、南汉、南唐、吴越等割据政权。后汉高祖刘知远之弟刘崇建立的北汉,是一个依附于契丹的割据政权。宋朝建立之初,刘崇就曾支援过李筠之叛,因此宋朝理当早日平定北汉。宋太祖赵匡胤一共三次征讨北汉,开宝九年(公元976年)的第三次出兵是最接近成功的一次。可惜当年十月,赵匡胤突然去世,赵光义即位后下令退兵。直到太平兴国四年(公元979年),宋太宗御驾亲征,才终于灭亡了北汉。此后太宗两度北伐,意图收复燕云,均以失败告终。北汉的平定,终结了五代十国的历史,也标志着中原地区的基本统一。

# "斧声烛影"之谜

文：游彪

开宝九年十月二十日夜，宋太祖赵匡胤暴毙，享年50岁。其弟赵光义继位，是为太宗。宋太宗的皇位来得蹊跷，几乎已经成为定论。然而，太宗是如何夺取帝位的，正史上并没有详细而明确的记载。宋代社会上一直流传着太祖死前召太宗入宫饮酒，太祖在烛影下"引柱斧戳地"的说法，因而将太祖猝死、太宗继位的疑案称为"斧声烛影"之谜。

## 太祖与太宗的关系

太祖之死的首要嫌疑人就是太宗赵光义。从兄弟二人的关系上来看,太宗的确存在谋害兄长的动机。赵匡胤建国之初,朝廷内外有很多人对他心存不满,后周旧臣李筠、李重进的叛乱就是明显的例证。赵光义作为太祖的亲弟弟,自然受到非同一般的信任。建隆二年(即建国次年,公元961年),太祖赵匡胤任命赵光义为开封府的最高行政长官开封尹,负责管理、经营新王朝的都城事务。五代时期,开封尹多由储君担任。开宝年间,赵光义又被加封为晋王,无疑倍受宠遇。毕竟直至赵匡胤去世,赵匡胤的次子赵德昭都没有被加封王爵。这不得不让人怀疑,宋初政局不稳,又有周世宗壮年而亡的前车之鉴,赵匡胤为保证赵家天下的长久,一度曾将赵光义视为储君的候选人。

宋太宗赵光义像

赵光义担任开封尹长达15年之久,其间他利用职务之便,大量延揽文臣武将充实幕府。这些幕僚对日后赵光义扩张势力、夺取政权起到了极为重要的作用,甚至影响到太宗、真宗两朝的政局。

赵光义获封晋王后,其在开封的势力更为强大。当时赵光义带着仪仗、随从出行,街面上的排场非常奢华,时人称之为"软绣天街"。宋初有个武将叫党进,跟随太祖征讨北汉时,打败了名将杨业。据说他目不识丁,但为人豪爽,曾经在开封市井中巡游,看到有人用肉喂养鹰犬,就派随从去把这些动物统统放了,还训斥养鹰犬之人说:"买了肉不去供养父母,来喂这些禽兽干什么!"有一天,他又看到有人喂鹰,立刻命人去放掉。这时,养鹰人忽然说:"这是晋王的鹰。"说完就要回去向晋王告状。党进立刻拉住了他,塞给他一笔钱,要他给老鹰买些肉,还嘱咐道:"用心照顾,千万别让猫狗伤着它。"这件事虽被开封市民当作笑谈,但这一介武夫的直言快语恰好表明当时朝中官员对晋王的权势是颇为忌惮的。

赵光义不仅延揽幕僚,还经常找机会结好拉拢朝中大臣。出于对宋太祖的忠诚,一部分人选择回避晋王,这从侧面表现出他们对赵光义夺位意图的警惕。有一次,赵光义要赏赐参加过陈桥兵变的功臣田重进一些酒肉,被田重进断然拒绝。使者问及原因,田重进回答说:"我只知道有陛下(指太祖),不知道晋王是谁。"

赵光义利用开封府尹和皇亲国戚的身份暗中培植自己的势力,这些行为自然引起了太祖的警惕。赵匡胤登基后,曾三次御驾亲征,每一次都令赵光义留守开封。但第一次亲征任命赵光义为大内都点检后,赵匡胤便将大内都点检改名为大内都部署,显然是担心弟弟依样画葫芦,利用"点检作天子"的传言对自己不利。

开宝九年,就在暴毙的前几个月,赵匡胤巡幸洛阳,途中萌生了迁都的想法。这个提议立刻招致群臣的反对,但是太祖认为,开封为四战之地,无险可守,迁都洛阳可以凭借山河之险去除冗兵。赵光义进言说,开封的漕运之利是无可取代的,况且守国"在德不在险",最终说服了兄长。赵光义离开后,太祖对左右近臣感叹说:"晋王的话固然有道理,但不出百年,天下民力就要耗尽了。"

宋初,由于经济重心的南移和大运河的开通,开封已经成为中原地区的交通枢纽和经济中心,的确比战乱后残破不堪又不通漕运的洛阳更适合为首都。但另一方面,开封四周无险可守,具有先天的军事劣势，后来靖康之难中汴京的迅速陷落就是最好的证明。为了防守京师，朝廷势必要在开封周围布置大量兵力，供养军队终将使天下百姓的负担大大加重，因而太祖迁都的想法是很有前瞻性的。定都开封或者迁都洛阳，实在是各有利弊，赵光义等大臣的反对如此坚决，不免令人感到疑惑。有人猜测，开封已经被赵光义的势力把控，这个时候太祖突然希望迁都，从政治博弈的角度来说，赵光义是无论如何都难以接受的。另外，当时河南府的长官焦继勋是太祖四子赵德芳的岳父，结合太祖死前宋皇后要宦官王继恩召赵德芳入宫的事实来看，赵匡胤可能已经考虑将赵德芳作为储君的人选，希望在西京培养赵德芳的势力。眼见兄长传位给自己的可能性越来越低，而且自身也早已羽翼丰满，赵光义终于准备采取行动。

## 太祖之死与"斧声烛影"

开宝九年十月，太祖病重。宋皇后派宦官王继恩召四子赵德芳入宫，然而王继恩出宫后没有去请赵德芳，而是直接来到晋王府。赵光义的幕僚程德玄正坐在晋王府门口，王继恩问其原因，程德玄说："今晚二更时，有人来敲我家的门，说晋王要召见我，开门后却不见人。这样重复了几回，我担心晋王有病，便在这里等候。"随后两个人一起面见晋王。赵光义听说传召之事后很犹豫，表示要与家人商量。王继恩催促说："事情拖得久了，就会有别人抢先动手了。"于是赵光义立刻携程德玄冒雪入宫。王继恩表示，觐见之前要先行通报，没想到程德玄说："进去便是了，还等什么？"于是他竟然和晋王径自进入太祖的寝殿。宋皇后看到赵光义到了，大吃一惊，用皇帝的称谓"官家"称呼他,并祈求说:"我们母子的性命,都托付给官家了。"赵光义回答:"共保富贵,无忧也。"赵光义进入宋太祖寝殿后,人们只看见烛影下"晋王时或离席",只听见"柱斧戳地"的声音,宋太祖随后便蹊跷地去世了。

实际上,"斧声烛影"的故事最早出现在北宋僧人文莹所作的一部笔记野史中,因为此故事对后世的影响实在太大,后为司马光《涑水记闻》所著录,后来经过南宋历史学家李焘的考订,收录在《续资治通鉴长编》中,成为此故事最权威的版本。从这几种不同的版本中,我们至少可以发现以下线索:

首先,太祖是突然死亡的,但赵光义提前就知道了皇帝将不久于人世的消息,所以才有幕僚提前在晋王府门口等待消息。其次,太祖的心腹太监王继恩已经被赵光义收买,说明赵光义早有谋划。最后,王继恩的催促、程德玄的闯宫和宋皇后的以性命相托等事实表明,赵光义不是当时的合法继承人。

据说太祖和太宗早年认识了一个道士,曾和他一起游历,三人每次一起饮酒都要饮得大醉。太祖即位后又见到这个道士,向他询问自己寿命几何。道士回答:"如果今年十月二十日夜里是晴天,那你的寿数可延长一纪。否则,还是早做打算。"太祖记住了道士的话。十月二十日傍晚,太祖登上太清阁观察气象,看到天气晴好,心中十分高兴。但没想到突然变天下起大雪,太祖马上传召晋王赵光义入宫,两人屏退宦官、宫女,在寝殿对饮。只看到烛影下赵光义时不时离席起来,好像是不胜酒力的样子。夜晚三更,雪已数寸,太祖用柱斧戳雪,回头对赵光义说:"好做,好做!"然后解带就寝,赵光义也留宿禁内。快到五更的时候,宫人发现太祖没有了呼吸。第二天,赵光义在太祖的灵柩前受遗诏即位,还让近臣上前查看,只见太祖的遗体

"玉色温莹如出汤沐"，即太祖的气色如刚刚沐浴了一般。

故事中的迷信预言固然不足为信，但若赵匡胤猝死当天还能够登高望气、夜间饮酒，那么他的身体应该是健康的，无论十月二十日当晚发生了什么，都属于非正常死亡。元代杨维桢有诗云："百官不执董狐笔，孤儿寡嫂夫何呼？於乎，床前戳地银柱斧……"暗指太祖是被其弟用柱斧所杀。实际上柱斧并不是一种武器，而是皇帝仪仗中所使用的礼器，通常用玉料制成。

太祖绝不可能死于柱斧之下，否则遗体上将出现无法掩饰的外伤。且故事中也明确提到，太祖是在睡梦中去世的。有人据此认为太宗在酒中下毒，第二天大臣看到太祖的遗体"如出汤沐"，可能正是因为尸体被清理过，除去了中毒的痕迹。还有人猜测，太祖是因为饮酒过度而猝死。

总之，在"斧声烛影"的故事中，出现了柱斧这个兼具杀戮和礼法色彩的道具，出现了烛影摇曳下太宗模糊的身影，而那句"好做，好做"，既可以理解为"好好做"，也可以理解为"你做的好事"，一切情节都隐约暗示太祖是被太宗所杀，却又都模棱两可，没有直接说破。也正是由于掩饰意味太强，因此大大降低了这个故事的真实性。但无论是严肃的历史学家，还是笔记野史的作者，都通过记录"斧声烛影"的故事认可了这样的事实：宋太宗赵光义是非正常即位的，他对太祖之死负有不可推卸的责任。

## 太宗即位与金匮之盟

太宗通过非常手段登上帝位，终于满足了他隐藏多年的野心，

赵廷美像

而他即位后的种种作为，愈发证实了人们对"斧声烛影"故事的猜想。宋太宗赵光义即位之初，为了安抚、笼络人心，为弟弟廷美、侄儿德昭、德芳加官晋爵，太祖、廷美的儿女也称皇子、皇女，以此表示一视同仁。同时，太宗还在即位诏书中强调，自己将遵循太祖的既定政策管理国家，并依照惯例为宰臣执政加官晋爵、恩荫子孙，以此获得朝中大臣的支持。

然而开宝九年十二月，距离新年只有不到半个月，太宗突然决定更改年号。按照惯例，为表示对先皇的尊重，新皇帝只要不是元旦即位，都会沿用原来的年号，直到次年再开始使用新的年号。太宗连几天时间都不愿等待，急于将开宝九年直接改为太平兴国元年，无非是要确立自己的正统地位，借以平息宗室、朝堂中的非议。更奇怪的是，至道元年（公元995年），太祖遗孀宋皇后去世，太宗禁止大臣前去吊唁，也不将她的神主放入太庙。太宗做出这种严重违背礼法的事情，应该是忌讳有人借此机会怀念太祖。如果说为了掩盖"斧声烛影"事件的真相，宋皇后无法得到身后的哀荣，那么太宗的弟、侄们更是连性命都难以保全。

太平兴国四年，宋太宗御驾亲征灭掉北汉。于是他踌躇满志，为收复燕云十六州，对辽朝燕京（今北京）发起进攻。不料宋军在高梁河战役中遭遇惨败，太宗本人也身中两箭，与亲信数人连夜南逃，辽将耶律休哥一路追赶他至涿州（今河北涿州）才被迫返回。此时，军中尚不知皇帝是否生还，一些将领想要拥立随军出征的太祖次子赵德昭为帝，只是由于太宗本人的出现才被迫作罢。经此一役，太宗重新注意到太祖子孙对自己帝位的威胁。同年八月，赵德昭劝说太宗对灭亡北汉的将领论功行赏，太宗闻言大怒，说："等你自己当了皇帝，再赏不迟！"赵德昭知道太宗终于要拿他开刀，为了保全家人的性命，回家后就自刎而死了。德昭死后不到两年，其弟德芳病故，太宗皇位的两个重大威胁由此解除。

最后，宋太宗将目光转向弟弟赵廷美。太平兴国六年（公元981年）九月，赵德芳去世才满半年，太宗的藩邸旧臣柴禹锡、赵镕就告发秦王赵廷美阴谋谋害太宗。对于如何处置赵廷美，太宗决定问计于早已罢相的赵普。赵普赋闲多年，听闻太宗垂询，当即表态"愿备枢轴以察奸变"，意思是说只要太宗重新起用自己，赵廷美的问题可以交由他来查清。

赵普解决太宗帝位危机的方法，日后被称作"金匮之盟"。赵普上书称，建隆二年，赵匡胤兄弟的母亲杜太后临终前曾有嘱托，后周因为传位给幼子而亡国，要求赵匡胤日后将皇位传给弟弟赵光义，并命赵普将太后与太祖之间的誓约记录下来，藏在金匮（金柜子）中，由宫人秘密保管。

"金匮之盟"直到太

杜太后像

宗即位的第六年才重现人世，令人不得不高度怀疑赵普作伪。从杜太后死后不久赵光义就被任命为开封尹来看，"金匮之盟"并非空穴来风，但皇位的继承方式可能并不如赵普所言是太祖传位给太宗。按照"立长"的约定，如果赵匡胤死后应该传位给赵光义，那么赵光义死后就应该传位给赵廷美，然后由赵廷美传位给赵德昭。赵匡胤死后，赵光义即位没有遇到来自廷美和德昭的阻碍，可能就与此有关。

德昭已经死亡，廷美又被告发意图谋害亲兄，太宗不仅解决了困扰自己多年的夺位合法性问题，还编出了正当理由将皇位传给自己的儿子，于是他对赵普说："人谁无过，朕不待五十，已尽知四十九年非矣。"言下之意就是，如果早点请赵普为他谋划，也不会烦恼这么多年了。赵普终于如愿以偿地得到了宰相职位，秦王赵廷美也因赵普罗织的罪名而一再被贬，最后忧劳成疾，病死于房州。

# 宋辽和战与澶渊之盟

文：游彪

## 宋初与辽的关系

后梁贞明二年（公元916年），辽太祖耶律阿保机称帝，定国号为契丹。以民族族称为国号，说明契丹人重视民族传统，并未将自己的政权视作中原王朝。辽太宗耶律德光在位时期，契丹展现出经营南疆、入主中原的野心。耶律德光扶植石敬瑭称帝，建立后晋。作为交换，石敬瑭向契丹献上燕云十六州，使中原地区失去了一道天然屏障。后晋天福十二年（公元947年），耶律德光攻入汴京，灭亡后晋，并以中原天子的仪驾接受了后晋官员的朝觐，改国号为辽。后由于契丹兵四处抢掠，引起中原人民的反抗，耶律德光被迫向北撤退。但是

明代画家刘俊绘《雪夜访普图》，表现宋太祖赵匡胤访问臣赵普（故宫博物院藏）

从此以后，辽朝正式加入了中原地区的政治角逐，开启了国外学者称为"征服王朝"的时代。

辽朝建国早宋40多年，辽朝的存在和威胁对宋初的君臣来说是五代时期遗留下来的既成事实。因此，宋太祖接受赵普、张永德等大臣的建议，采取了"先南后北"的策略，即先统一南方诸国，再攻打北汉，最后夺回后晋割让出去的燕云十六州。为了保证统一战争的顺利进行，宋太祖对辽朝采取了以防御为主的策略，对于被辽朝占有的燕云地区首先考虑用钱赎取，赎取不成再考虑动用军事手段，并为此特设"封桩库"积累钱财。他对左右近臣说："石敬瑭把幽燕诸州割给了契丹。朕可怜燕云之民久陷敌手，只要积累的钱财超过500万缗，就遣使去辽朝赎地。辽人如果不同意，朕就散尽这些钱财，招募战士，攻取燕云。"赎金的来源是平定各国后收缴的财产以及每年国家财政支出的结余。

此时辽穆宗、辽景宗相继即位，辽朝统治阶级内部的斗争相当激烈。故宋太祖统治早期和中期，宋辽之间呈现出不战不和、时战时和的特殊关系。乾德三年（辽应历十五年，公元965年）冬，契丹掳掠易州（今河北易县）居民时，宋太祖竟然命令监军李谦升率兵到契丹境内俘虏来相等的人口，直到契丹放还易州之民，才放归俘虏。宋辽双方既没有相互遣使交涉，也没有出兵反击，令冲突升级，这正是双方均视彼此为威胁但又无力击败对手的具体表现。直到开宝七年（辽保宁六年，公元974年），北宋建国已14年，双方才开始遣使"请和"。此后两年，宋辽关系进一步缓和，甚至互相派遣使者庆祝正旦和对方皇帝的生辰。然而，宋辽关系的回暖因太平兴国四年（辽乾亨元年，公元979年）宋太宗亲征北汉而宣告结束。

北汉是契丹人扶植的傀儡政权，都城在晋阳（今山西太原南），称太原府。后唐、后晋、后汉都曾以太原为军事基地，反映出唐五代以来太原地理位置和军事防御的重要性。宋太祖曾三次亲征北汉，但每次只是击退辽朝派出增援北汉的小股部队，并未主动进攻辽军。而太平兴国四年，宋廷北伐前回复辽使："北汉的逆贼，朝廷理当问罪。如果辽朝不向北汉增派援军，那么宋辽和约如旧，否则就要开战。"态度如此强硬，显然已经准备充分，力图一举灭亡北汉。为了阻止北宋完成统一，辽朝派南府宰相耶律沙为都统，冀王耶律敌烈为监军，率军南下。随后又调南院大王耶律斜轸等出兵，宋辽之间发生了大规模战事。

按照战前的计划，宋军主力展开对太原的猛攻。宣徽南院使潘美为北路都招讨制置使，令崔彦进、李汉琼、刘遇、曹翰分别从四面围攻太原。同时，考虑到辽军可能的增援方向，以经验丰富的大将郭进为石岭关都部署。在石岭关南白马岭一战中，宋军对渡河的辽方骑兵发动猛攻，冀王耶律敌烈及其子、耶律沙之子等人战死。随后，耶律斜轸率部增援，耶律沙侥幸"仅以身免"。白马岭之战是宋辽战争中宋军第一次大规模的胜利，大大振奋了宋军的士气。另一方面，宋军将士此时已经相当疲惫，需要一段时间来休养调整，短期内不宜再次作战。但宋太宗并没有意识到这一点，执意要向被辽朝占据的燕京出兵，为后面的军事失败埋下了伏笔。

## 经略幽燕的军事失败

宋初的统治者肩负着"和平"和"统一"的双重任务。一方面，太祖、太宗兄弟为了结束晚唐以来藩镇骄纵、群雄逐鹿的混乱局面，对内抑制节度使的权力，收回开国大将手中的兵权，竭力维持中原王朝的稳定与和平；另一方面，为了防止宋成为五代之后的又一个短命王朝，又必须消灭四周的割据政权，收回燕云十六州。宋初，朝廷在"弭兵"和"兴兵"之间摇摆不定，但是从长远来看，宋辽之战在所难免。

太平兴国四年五月，宋太宗灭亡北汉政权之后，不顾大臣的反对，决定攻打幽州。起初，辽朝对宋军的意图有错误估计，以为宋军会满足于灭亡北汉，并没有全面开战的准备。宋军从太原出发，接连攻下易州和涿州（治今河北涿州），宋太宗一度以为胜券在握。六月中旬，宋辽在幽州治所燕京城北的沙河交战，宋军初战告捷，大败辽军。幽州本是中原王朝故土，宋军战胜之后，当地军民纷纷前来归顺，一时间几乎瓦解了辽朝在幽州的统治。

然而，此时耶律斜轸率部赶来，虽然无法扭转沙河败局，但他改变了作战方案，以溃败部队的旗帜作为诱饵，诱使宋军追击，宋军果然中计战败。辽景宗改命大将耶律休哥代替战败的耶律奚底领军，率主力部队"五院"军南下增援。

七月上旬，辽军耶律沙部与宋军战于燕京城西北的高梁河，耶律沙败逃，宋军乘势追击，却遭到耶律斜轸部与耶律休哥部的两翼夹击。

宋太祖赵匡胤是职业军人出身，军事素养较高，因而登基为帝后依然数次亲征。而宋太宗在兄长亲征的时候总是留守后方，缺少实战经验。此次北伐，宋太宗虽然身先士卒，异常勇敢，却犯了战术上的严重错误。先前攻打北汉时，太原四面被围，因此可以全军出击，合力攻城。但是此时燕京周围的要塞还在辽军的控制下，敌方军队可以伺机而动，宋太宗却用攻打太原时的老办法将兵力分散部署，企图围攻燕京城，使部队丧失了应对突发情况的机动性。战事紧张时，太宗又把原本用来护卫自己的曹翰部派往燕京城东南迎击辽朝援军，随后果然遭到辽军的夹击。太宗在阵中中箭受伤，被耶律休哥追至涿州才保住性命。

高梁河战役后，宋辽之间的势力平衡被打破，宋朝转入守势，而辽朝却经常发动进攻，侵扰宋朝边境。另一方面，宋太宗所受箭伤此后屡屡发作，成为困扰他一生的顽疾。

太平兴国七年（辽乾亨四年，公元982年），辽景宗去世，年仅12岁的辽圣宗即位，太后萧氏摄政。萧太后是一位女中豪杰，很快就稳定了政局。辽朝在她的统治下，一派君臣协和、政治清明的繁荣景象。但是，宋朝方面很少有人了解这一情况，反而认为此时辽朝主少国疑，正是兴兵的好时机。

雍熙三年（公元986年），太宗命大军兵分三路，向燕京进发。其中，曹彬是东路军主帅，率10万人出雄州（今河北雄县）；中路军以田重进为主帅，由定州（今河北定州）出飞狐关；西路以潘美为主帅，杨业为副帅，出雁门关。

北伐之初，宋军取得了一些胜利。然而，三路将领各自为政，缺乏相互配合。曹彬和米信所率领的东路军攻下涿州后，因粮草不继而先退回雄州。此时中、西两路军却先后有捷报传来。曹彬和米信见状，邀功心切，备好粮草仓促北进，不料遭到萧太后和耶律休哥的合击。东路宋军被打得大败，宋太宗闻讯，只好命其他两路军撤退。田重进指挥的中路军此前已遭到耶律斜轸部的攻击，损失两万余人；西路军撤退时又接到命令，掩护云（今山西大同）、应（今山西应县）、寰（今山西朔州东）、朔（今山西朔州）四州百姓内迁，因而行军十分缓慢。辽将耶律斜轸率军紧追而来，宋军无力抵抗。潘美所部败至代州（今山西代县），杨业建议避开辽军锋锐，以偏师出击，保护百姓先退。但监军王侁未采纳杨业的正确意见，反而指责杨业畏敌不战，逼迫杨业从代州出兵。

杨业临行前与潘美、王侁相约率伏兵在陈家谷接应，潘美表示同意。但当杨业在陈家谷被辽军围困时，王侁、潘美惊慌不已，不顾与杨业的约定，领军撤回代州。杨业父子率领残部在陈家谷死战，部下大多战死，杨业身受十几处创伤被俘，却不顾威逼利诱，绝食三日而死。名将杨业战死的消息传开后，云、应诸州将士纷纷弃城南逃。宋军兵败如山倒，宣告了第二次北伐彻底失败。

雍熙北伐是北宋初年最大的一次军事失败，此后宋太宗彻底断绝了北伐的愿望，奉行以防御为主的政策，不许宋军主动出击。这种态度也直接影响到接下来的真宗、仁宗两朝。

## 澶渊之盟的签立

从先前的战役可以看出，宋军总是在作战初期占有优势，却因为种种原因，最终失败。雍熙北伐后的宋辽军事冲突也常出现宋朝在边境的兵力比辽朝要多，战争的主动权却掌握在辽军手中的情况。这种功败垂成的挫折感影响了宋朝方面对战争形势的判断，朝廷中甚至出现了辽朝不可战胜的想法。而辽朝经过数次南下战争，对河北的防御工事与宋军的作战特点已经了然于胸。于是，萧太后、辽圣宗决定向北宋发动大规模进攻，先利用西夏党项势力牵制部分宋军，然后重兵突袭河北，最后长驱直入，问鼎中原。

景德元年（公元1004年）闰九月，辽军南下，攻破宋朝数州。辽军在这次战争中一反常态，每次战胜后都无心抢掠，而是一路南下，仅用了两个月就攻到澶州城下。澶州地理位置特殊，辽军若攻下澶州，很快便能到达汴京。因此，当辽军到达澶州的消息传到京城时，朝野上下一片混乱。参知政事王钦若劝宋真宗南逃金陵（今江苏南京），陈尧叟却劝宋真宗避乱成都（今四川成都），宰相寇准在殿前都指挥使高琼等人的支持下，建议真宗亲征，抵抗辽军的进攻。经过朝廷上下激烈的争论，宋真宗最终同意亲征。

宋真宗一行到达澶州后，守城的将士见到御驾亲临，士气大振，

清宫殿藏本寇准像

击退了辽军的进攻。而在前一天,辽军先锋大将萧挞凛被宋军所杀。宋军的这两次胜利打击了辽军的士气,形势对辽越来越不利。当时,辽军避开了一些重要城市的攻坚战,孤军深入,后续又没有援兵,犯了兵家大忌。如果能够切断辽军的退路和补给线,并派兵直捣燕云,则辽朝必陷入危险的境地。实际上,杨延昭在战前就提出这样的建议,可惜没有得到应有的重视。宋真宗对当时战局的真实情况并不了解,希望抓住机会尽早求和。

和谈开始后,宋、辽互派使者。起初,辽朝的首要条件便是索要后周世宗时所占的关南土地,但宋朝在领土问题上坚决不肯退让。宋真宗坚持认为,可以用钱财来保住土地,但绝对不能把土地割让给对方。他不顾寇准的反对,满足了辽方在财物及其他方面的要求,尤其是在岁币问题上相当慷慨。据说寇准曾私下要求前去和谈的宋方使者曹利用,每年所输岁币不能超过30万,否则就要斩了他。曹利用果然按照岁币30万的条件将和约谈成了(事见《宋史·寇准传》)。最

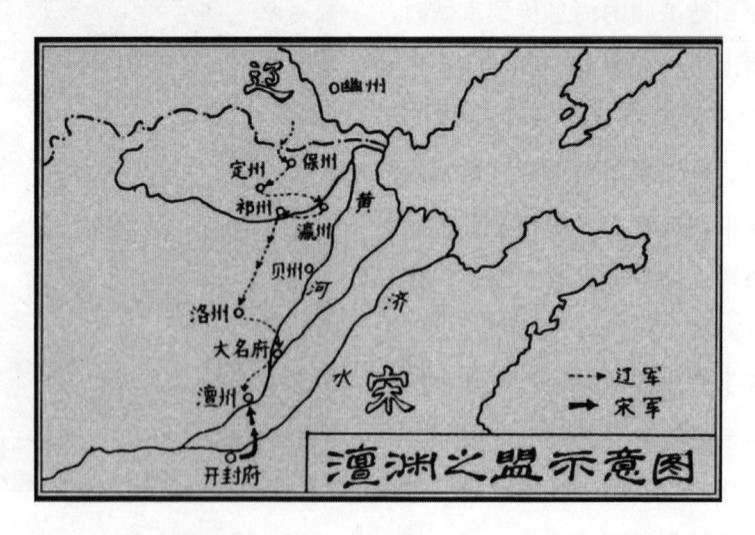

澶渊之盟示意图

后和约的主要内容如下：第一，两国结为兄弟之邦，辽朝皇帝称宋朝皇帝为兄，宋朝皇帝称辽朝萧太后为叔母；第二，宋朝每年给予辽朝绢20万匹、银10万两，但不差大臣专往北朝，只令三司差人搬送至雄州交割；第三，沿边州军各守疆界，两地人户不得交侵。辽朝的誓书大致与宋朝的相同。因为和谈的地点澶州古称澶渊，故这次议和史称"澶渊之盟"。

从澶渊之盟的签立过程和内容来看，双方都做出了一定的让步和妥协。这种妥协的前提是宋辽双方的力量相对均衡。除了宋朝每年要给辽朝输送岁币之外，宋辽双方是平等的，盟约的其他规定对双方都是有效的约束。但从另一个角度看，和约签立后，双方都认为自己未能占得便宜，这对国家之间的关系相当不利。宋辽君主互称皇帝，对真宗来说已经屈辱至极，何况当时辽军兵临澶州，相当于订立了城下之盟，是为人所不齿的。后来真宗痴迷于"天书封禅"，就是希望在天命上压倒契丹人，以弥补澶渊之盟给他带来的冲击。

实际上，澶渊之盟是有其积极意义的。澶渊之盟签立以后，宋辽两国保持了近120年的和平，直到金朝崛起。这种局面对经历了数十年战争的两国百姓来说，都是极为珍贵的。首先，宋辽双方都需要一个安定的环境来发展国内经济，治疗战争留下的创伤，这符合两国人民的愿望和利益。其次，宋朝在边境开放榷场，两国进行贸易，可以满足游牧民族对农产品和手工制品的需求，从一定程度上也消弭了辽朝南侵的野心。

# 范仲淹与庆历新政

文：游彪

## 北宋王朝严峻的内外形势

公元1022年，宋真宗病重去世，年仅13岁的宋仁宗赵祯即位。由于皇帝年幼，真宗的刘皇后以"权同处分军国事"的名义垂帘听政长达11年。刘太后掌握政权后，一直主张祖宗法不可坏，实行因循保守的政策，导致宋朝社会存在的诸多问题不断恶化。具体而言，北宋王朝内部出现的这些问题可以概括为"冗官""冗兵""冗费"三项。

首先是"冗官"。"冗官"实际上包括了三个层面：一是官僚群体的人数过多，导致人浮于事。其主要原因在于官僚有着广泛的入仕途径。平民出身的读书人可以通过参加科举考试进入官场，宋太宗之后，科举考试的录取人数不断增加。到了宋仁宗在位的42年间，北宋共举行了13次科举考试，进士、诸科录取共计一万余人。而官员子弟则可以轻易地通过荫补入仕，宋太宗、宋真宗在位时期，不断放松恩荫入仕的限制，达到一定品级的官员和皇亲国戚可以在特殊时期申请荫补他们的子弟、亲属甚至门客为官。通过恩荫得以入仕之人不在少数，仅仅在宋仁宗庆历七年（公元1047年）一年之内，恩荫得官的皇族就有千余人之多，这其中尚不包括荫补入仕的官员子弟。其数量已经远远超过了科举取士的人数。

刘太后像

二是重复设置官僚机构，致使行政成本大大增加。宋朝统治者为了限制官员权力，贯彻分权理念，重新调整了职官制度和行政机构。比如将原来宰相的权力分割为行政、军事、财政三方面，分别由中书门下、枢密院和三司等不同机构掌管。宋代虽然承袭唐代制度设置了三省六部，却又另设机构和人员分管三省六部的相关事务，如审刑院就接管了原本刑部审理案件的职能。北宋又在各路设置转运使司、提点刑狱司、提举常平司等机构，分别负责行政、经济、司法、民政等方面的事务。在各州则设置通判负责监察官员，制约知州的权力。诸如此类的措施使得宋朝行政机构叠床架屋，官僚队伍迅速膨胀。包拯在其奏议中统计，宋朝文武官员之数在公元1007年至公元1049年的40

余年间由9000余人猛增至17,000余人,增幅近一倍。

三是官僚的文化与行政素质参差不齐。北宋中期以前,通过荫补入仕者在官僚队伍中所占的比例最多,有的官宦子弟甚至还在襁褓中就恩荫得官了。这些通过荫补取得官位的官员多数没有受过系统而良好的教育,他们并不具备为官的文化素质。

以上三个因素的共同作用使得北宋政府的行政效率非常低下,庞大的官僚群体又大大增加了人民的负担。

其次是"冗兵",也就是军队兵员数量过多。这一问题其实源自宋太祖时期的"养兵"政策。宋太祖认为,在收成不好的饥荒年岁,只有平民才会因衣食无着而反抗政府,而由国家奉养的军队则不会叛乱。反之,在丰收年景,只有士兵作乱,平民则不会造反。因此,自北宋开国以来,"养兵"政策一直被北宋统治者视为一项基本国策。在宋辽缔结澶渊之盟后,宋朝并无大规模的战事,但其军队人数非但没有缩减,反而在不断地增加。宋真宗天禧年间(公元1017—1021年),宋朝的常备军人数已近百万,是太祖时期的3倍多。到了宋仁宗庆历年间(公元1041—1048年),北宋为应对西夏的战事,一度将军队规模扩充至120万人,达到北宋军队人数的顶峰。由于宋朝的"养兵"政策与府兵制不同,是一种募兵制度,因而庞大的军队对国家财政而言无疑是异常沉重的负担。

再次是"冗费",实际上是宋朝政府所面临的财政危机。宋真宗在位时,大搞"天书封禅",又大兴土木、营建宫观,几乎将宋朝国库挥霍一空。宋仁宗在位前期,由于土地兼并急剧发展,赋役不均的情况日益严重,加上自然灾害肆虐,国家财政已经入不敷出。宝元、康定年间(公元1038—1041年),西夏兴起,宋朝不得不出兵征讨,但宋军战斗力弱,只能通过不断增兵来换取对西夏的军事优势,巨额的军费开支更是加重了国家的财政负担。

宋仁宗登基以后，北宋王朝的外交形势逐渐恶化。李元昊在公元1038年建立西夏国后，与北宋开始了全面的边境战争。到庆历三年（公元1043年）以前，宋军在与西夏的战事中连遭三川口、好水川、定川寨三场大败，大量精锐部队被西夏消灭。宋军的战败不仅引起了朝野上下的恐慌，更大大激化了北宋统治集团的内部矛盾。地方政府为了维持前线军需的花费，不断加派赋税，最终激起了百姓的反抗。北宋内忧外患的情势迫使宋仁宗谋求变革，解决社会所面临的危机。而要实行变革，必须要有人才的协助，于是范仲淹成为负责实行改革的不二人选。

## 期待变革的宋仁宗与范仲淹

范仲淹，字希文，苏州吴县人。两岁时，范仲淹的父亲去世，他随母亲改嫁，跟着继父朱氏辗转于各地。虽然在童年时期便历经磨难，但范仲淹一心向学，志向远大。他年轻时曾经在一座神庙里询问神灵："我将来能当宰相吗？"神说不能。他便道："不能当宰相，做个良医如何？"可见他早已有了济世救人的志向。正因如此，范仲淹早年才能在艰苦的条件下刻苦学习，努力实现自己为

清宫殿藏本范仲淹像

国为民做贡献的理想。他后来回忆这段经历道："年少时我和一位姓刘的同学在长白山读书，每天煮一锅粟米粥，等它冷了切成四块，早晚各吃两块。把蔬菜切碎，加点醋和少许盐，煮熟当菜，就这样过了三年。"

大中祥符四年（公元1011年），23岁的范仲淹告别母亲，来到了北宋四大书院之一的应天书院。他在书院读书异常勤奋，寒冬腊月时，每当读书困倦了，就用冷水洗脸，昼夜不停，整整5年时间不曾解衣就寝。艰苦的求学生涯不仅丰富了范仲淹的学识，更重要的是磨炼了他的意志品质。

大中祥符八年（公元1015年），27岁的范仲淹考中进士，得以步入仕途。初入官场的范仲淹虽然人微言轻，但他清醒地认识到北宋王朝在政治上存在着各种弊端，且敢于直言加以抨击。天圣三年（公元1025年），还在地方上监管官方食盐仓库的范仲淹给朝廷写了《奏上时务书》，揭露了朝廷恩荫泛滥的现状。在上书谈论时政的同时，范仲淹还给王曾、张知白等朝廷重臣写信自荐，希望有机会在更高的政治平台上一展抱负。两年后，范仲淹的母亲去世，在为母亲守丧期间，他再次上书宰相，提出自己的改革设想。范仲淹的这次上书引起了宰相王曾的注意，他十分欣赏范仲淹的才华，要求晏殊推荐范仲淹在丁忧期满后进入朝廷做官，但他没有理会范仲淹呼吁改革的声音。

在晏殊等人的举荐下，范仲淹通过了翰林学士院的选拔考试，顺利进入朝廷为官。范仲淹入朝后，依然敢于直言进谏。他到任之初，朝廷恰好为刘太后庆贺生日，其中有些祝寿礼仪不符合礼法，于是他大胆上书给垂帘听政的刘太后，认为皇帝乃九五之尊，不应亲自率百官为太后祝寿行跪拜之礼，应由宰相代皇帝行礼。同年，范仲淹又上书刘太后，请求太后还政于仁宗。太后没有理睬范仲淹的上书，范仲淹便愤然请求离开朝廷,担任地方官。范仲淹的正直给20岁的仁宗留下了深刻的印象,也使他真正深切地感受到了臣僚的诚心拥戴。因此,仁宗亲政后便将范仲淹召回京城,升任他为右司谏,专门负责劝谏皇帝,监督百官。此时,朝野上下直接或间接地攻击太后垂帘时所行政事的人越来越多。范仲淹此前虽然强烈要求太后还政,甚至因此受到不公正的待遇,但他并未借机报复太后,反而规劝仁宗说,太后受先帝遗命,保护您10多年,一些小的过失当遮掩的要遮掩,要保全太后的名声。仁宗听后非常感动,更加敬重范仲淹的人品,下令不许再议论刘太后垂帘听政时的事情。从那时开始,范仲淹便成为仁宗心目中主持全面改革的最佳人选。

宋仁宗像

庆历三年,北宋与西夏之间的战事基本结束,双方开始议和。宋仁宗迫不及待地将55岁的范仲淹从西北前线召回京城,让他担任掌管兵权的枢密副使,准备进行变革。仁宗还重组了执政班子,罢免了年事已高的宰相吕夷简,提拔范仲淹等人担任执政大臣。与此同时,一批认同变革的士大夫渐渐聚集在范仲淹周围,他们中既有擅长文学的欧阳修、尹洙,又有能力出众的韩琦、富弼,也有著名学者胡瑗、孙复和石介等人,他们是这次改革的主要支持者和执行者。

在提拔了一批改革派官员之后,宋仁宗下诏催促范仲淹等人尽快制定出改革方略。庆历三年九月,宋仁宗在藏书阁天章阁召见了范仲淹和富弼，召见结束后，范仲淹和富弼呈上了名为《答手诏条陈十事》的文章，在行政体制、官员考核、科举制度、农业生产、军队建设等方面提出了10项改革措施，正式拉开了"庆历新政"的序幕。范仲淹等人提出的一系列改革措施符合时代形势的需要，使宋仁宗看到了缓解北宋王朝统治危机的希望。除了恢复府兵制一项外，宋仁宗基本全盘接受了范仲淹等人提出的改革方案。庆历三年十月之后，宋仁宗陆续颁布诏书，开始全面实行新政。

### 反对派的攻击与仁宗态度的转变

范仲淹所推行的新政从根本上损害了许多官员的既得利益，所以赞成改革的人实际上并不多，新政推行后不久就受到了猛烈的攻击。以执政夏竦为首的许多官员污蔑范仲淹等人拉帮结派，将支持改革的官员称为"朋党"。夏竦等人还指使宦官蓝元震向宋仁宗告发范仲淹、欧阳修等人结党营私的行径。面对这些攻击，欧阳修写了《朋党论》一文进行辩驳，称朋党自古有之，但有君子之朋与小人之朋的区别，小人以利为朋，是"伪朋"；君子则以同道为朋，是"真朋"。两派势力相互斥责对方为朋党，在朝堂上展开了激烈的论战。部分官员如宰相章得象虽不公开反对新政，但也不积极支持，而是耐心等待新政推行出现问题。

随着新政的推行，越来越多的反对声音传到了宋仁宗耳中，其中最令仁宗感到不安的就是反对派官员指责范仲淹交结朋党。北宋王朝自太祖立国以来，最高统治者就下大力气防范臣僚结党，仁宗遵守祖宗家法，一向发自内心地忌讳朝中官员结党营私，无论如何也不能容许自己身边有一个结党的政治集团。在宋仁宗看来，范仲淹在朋党问题上是有前科的。八年前，范仲淹曾与欧阳修、尹洙、余靖等同僚联名上书，指责吕夷简任人唯亲，排斥异己。但老辣的吕夷简随即反唇相讥，称范仲淹勾结朋党、离间君臣，怂恿仁宗将范仲淹等四人全部贬出朝廷。而范仲淹、欧阳修在推行新政期间再度自称朋党，又互相以君子标榜，更使仁宗心存疑虑。

仁宗召见范仲淹，询问他："自古以来结为朋党的都是小人，难道君子也会结党吗？"范仲淹回答说："臣在边疆时，看见既有勇于作战的人互相结党，也有怯懦避战的人互相结党。在朝廷里也是这样，正人君子和奸邪小人各有党羽。希望圣上明察，如果一心向善的人结为朋党，对国家有什么坏处呢？"范仲淹的这番话无异于直接向宋仁宗承认自己有交结朋党的行为，因而加深了仁宗的不满。

夏竦充分利用仁宗反感范仲淹自称朋党的心态，继续鼓动宦官在仁宗面前诋毁范仲淹，进一步动摇仁宗对范仲淹等人的信任。同时，夏竦还指使自己的女仆模仿改革派官员石介的笔迹，伪造书信诬陷范仲淹、富弼、欧阳修、石介等人阴谋废立皇帝。事实证明，夏竦的政治手段起到了极大的作用。庆历五年（公元1045年）正月，辽、西夏的军事威胁相继解除，北宋王朝的外部局势有所缓和，宋仁宗经过反复的权衡，最终决定罢免范仲淹、富弼和支持新政的宰相杜衍。反对派官员废除了范仲淹等人推行的各项新政措施，短暂的"庆历新政"最终宣告失败。

## 千古绝唱《岳阳楼记》

庆历五年正月，范仲淹离开朝廷，担任邠州（今陕西彬县）知州。尽管此时新政的失败已成定局，但范仲淹仍然在答谢皇帝新任命的文章中表达了自己"不以毁誉累其心，不以宠辱更其守"的坚定信念。同年十一月，范仲淹被调到邓州（今河南邓州）任知州。他在担任邓州知州的三年间，留下了大量诗文，其中就包括不朽的名篇《岳阳楼记》。

庆历六年（公元1046年）九月，范仲淹的好友滕子京邀请他为岳阳楼撰写记文。滕子京性格豪爽，与范仲淹在同一年考中进士，两人志同道合，关系密切。庆历四年（公元1044年），滕子京因擅自挪用政府公款犒劳军队而遭到弹劾，被贬为岳州（今湖南岳阳）知州。但滕子京并没有因被贬谪而沉沦，他在担任岳州知州期间，勤于政事，很快就取得了"政通人和，百废具兴"的成效。滕子京还翻修了岳阳楼，并将唐宋前贤关于此楼的诗赋汇集起来，镌刻在楼上。

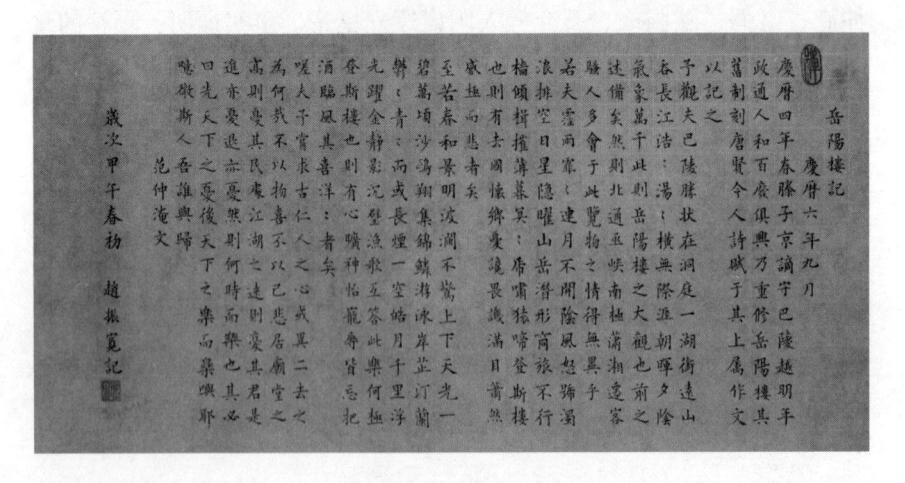

范仲淹《岳阳楼记》

范仲淹欣然答应了好友撰写记文的请求，写下了《岳阳楼记》。其中光耀千古的名句"不以物喜，不以己悲""先天下之忧而忧，后天下之乐而乐"等等，既是范仲淹对失意好友的劝慰，更是他高尚情操和自身追求的真实写照。这些文字背后所传达出的以忧国忧民为先、不计较个人荣辱的精神品质，成为范仲淹留给中华民族的宝贵的精神财富。

范仲淹既是思想的巨人，更是行动的巨人。他不仅开启了轰轰烈烈的新政运动，而且有着丰富的地方治理经验。范仲淹在邓州、杭州（今浙江杭州）、青州（今山东青州）等地担任知州时，辖区内都出现过灾荒的情况。他采取积极有为的"荒政三策"，通过增加就业、扩大需求、保证粮食供应等手段，有效地缓解了灾情，赈济了灾民。皇祐四年（公元1052年）五月，范仲淹因病去世，享年64岁。范仲淹生前不经营家产，导致全家老小70余口只能住在官舍里为他守丧。

# 王安石与熙宁变法

文：游彪

## 君臣相得：熙宁变法的开端

　　治平四年（公元1067年）正月，宋英宗逝世，年仅20岁的赵顼即位，是为宋神宗。神宗皇帝是一位年轻有为的君王，他不仅想要改革宋朝开国以来的各种弊端，更有着重整河山、恢复汉唐帝国风采的宏伟抱负。庆历新政失败后，北宋政府的危机不断加深，志向远大的神宗迫切需要一位能给予他新希望的能臣。神宗即位后，曾向庆历时期叱咤风云的新政领袖富弼询问富国强兵之道。不料这位三朝元老回答道："陛下即位之始，应当广布恩德，与民休息，希望您能20年口不言兵！"富弼劝导似的话语让神宗非常失望。这时，在官僚集团中卓尔不群的王安石逐渐进入神宗的视野。

王安石生活简朴，不修边幅，从政务实，淡泊名利。在步入官场之初，他就展示出特立独行的一面。宋仁宗庆历二年（公元1042年），王安石以甲科第四名的好成绩考中进士，他本有资格依照惯例参加馆职考试，通过后即可留在中央任职，但他并未如此，而是选择一直担任地方行政官员。王安石任舒州（今安徽潜山）通判期间，朝廷两次召他进京参加馆职考试，他却婉言谢绝了这样的安排。王安石深知在朝为官虽然能够很快获得升迁，却难以获得实现自身政治抱负的机会，而担任地方官则可以充分施展自己的才华，为黎民苍生做些实实在在的事情。

宋神宗像

王安石是一个原则性极强的人。有一次，包拯邀请王安石、司马光等下属一同赏花。包拯心情愉悦，劝王安石饮酒，王安石却严词拒绝，最终也没有喝一杯酒。从这件小事中可以看出，王安石的意志十分坚定，几乎到了固执己见的程度。总而言之，王安石令人钦佩之处在于心怀天下的强烈社会责任感，以及在当时的官僚阶层中卓尔不群的个性，他坚持原则的性格和对社会问题与众不同的见解也是其同时代的官员难以企及的。

在神宗还是太子时，王安石的好友韩维就已经长期担任太子属官，并经常向神宗称道王安石的学问和为人，所以王安石给少年时代的神宗留下了深刻的印象。神宗继位之后，立即起用王安石为江宁（今江苏南京）知府，同年九月又将王安石调回京城开封，让他担任为皇帝出谋划策的翰林学士。

熙宁元年（公元1068年）四月，王安石第一次与神宗皇帝晤面长谈。神宗一见到王安石，便问："今日治国之道，当以何事为先？"王安石回答："应当以选择治国理念为第一要务。"神宗又问："唐太宗为何能成为一代明君？"王安石答道："陛下您应当效仿尧、舜，唐太宗并无深谋远虑可言，其所作所为也不完全合乎圣人法度。唐太宗只不过是趁着隋朝末年的乱局得以称雄一时，再加上他的子孙后代大多昏庸不堪，所以才能够得到明君的美誉，其实他本人并没有多少值得称道之处。"

退朝之后，王安石又向神宗递交了一篇奏札，他在其中全面批评了北宋建国以后各方面制度设计所存在的问题，并建议神宗打破朝廷上下无所不在的保守风气。宋神宗反复阅读王安石的奏札之后，深感王安石正是能够帮助自己实现远大抱负的合适人选。当然，如果没有宋神宗的知遇，王安石可能永远也没有机会在全国范围内施展他的才华。

## 变法派与反对派的斗争

熙宁二年（公元1069年）二月，宋神宗任命王安石为参知政事，即"副宰相"，负责主持变法事宜。熙宁变法的内容大致可以分为三类：一是关于"富国"方面的内容，主要包括均输法、青苗法、农田水利法、免役法、方田均税法、市易法等；二是所谓的"强兵之法"。宋神宗是一位雄心勃勃的君主，他一心想要恢复汉唐时代的疆域，完成太祖和太宗没有完成的功业，所以神宗格外重视军队建设。这类新法的具体措施有保甲法、保马法、将兵法等。三是"取士之法"。王安石认为人才是变法的根本，因此非常关注人才的选拔、培养和使用。这类新法的内容主要有改革科举考试制度、兴建学校、整顿太学等。

清宫殿藏本王安石像

变法开始后，王安石几乎排挤了所有与自己政见不合的大臣，同时提拔了一批既赞成新法又有才干的年轻官员。王安石希望通过这种方式改变整个官场的风气，提高行政效率，推进新法的实施，但结果并不完全如其所愿。宋人朱彧有一则有趣的记载，说这些新提拔的年轻官员不熟悉朝廷礼仪，曾遭到神宗身边优伶的取笑。一个伶人故意骑着一头驴登上宫殿的台阶，被卫士们拦住，伶人便说："现在不是凡是有脚的都上得了吗？"这句话的言外之意是，只要官员能够积极支持新法，并得到神宗皇帝及王安石的青睐和认可，不管其官位尊卑、才能高下，都会被委以重任。虽然这则故事很可能只是民间的传言或者笔记作者的一面之词，但至少可以看出，宋神宗与王安石这一时期提拔的许多官员中，不乏滥竽充数之人。

随着变法的不断推进，新政触犯了许多官员的根本利益，越来越多的人开始站到王安石的对立面，旗帜鲜明地反对新法。反对派官员甚至将天象变化、华山崩塌等自然现象解释为上天对人间君臣降下的警告，并以此作为攻击新法的理由。

反对新法的声音并不仅仅来源于朝堂之上。太皇太后曹氏就是一位反对新法的重量级人物，她认为祖宗法度不宜轻改，多次在神宗面前哭泣，抗议实施新法。神宗的弟弟岐王赵颢、嘉王赵頵（jūn）也常常向神宗表示希望废除青苗法、免役法。

总的来说，宋神宗和王安石所推动的变法初步实现了"富国强兵"的目标。通过增产增收、开源节流、强化管理等一系列财政改革策略，宋朝财政入不敷出的状况得到了极大的缓解。同时，通过改良武器装备、完善军需补给制度、提升将兵素质等手段，增强了宋朝军队的战斗力，使宋军在与西夏军队的作战中取得了一些局部战役的胜利。但王安石改革行政管理体制、提拔年轻官僚的措施并未取得太大成效，甚至还引发了国家管理的混乱和无序，给反对派官员攻击新法提供了理由。

## 变法派内部的分裂和争斗

除了反对派不懈攻击新法和变法派人士之外，变法派官员内部也出现了分裂现象，吕惠卿与王安石的争斗就是一个相当典型的例子。吕惠卿在王安石推行变法之初表现得异常坚定与积极，加之他具有不错的政治才干，因此很快受到了王安石的赏识。王安石第一次罢相之后，就向神宗大力举荐吕惠卿出任参知政事，将吕惠卿视为自己改革事业的继承者。得益于王安石的提携，吕惠卿在政治上迅速崛起。

但是，吕惠卿有着极强的权力欲，他当上参知政事后，不仅争强好胜，嫉贤妒能，还表现出处事不公的不良品性。在王安石第一次罢相退居金陵期间，吕惠卿就暗中施展手段排挤王安石。王安石复相后，吕惠卿又屡次在神宗面前中伤王安石。有一次，他竟对神宗说了这样一番话："此次王安石复相，长期称病，无所事事，与以前大不相同。当年王安石尽心竭力为陛下谋划治国之策，今日却变成这个样子，一定是他心里有不如意的事情，所以不能专注于处理政务。微臣以为，大概是因为我在朝中担任要职让王安石感到不快，他才不能像以往那样尽心分担陛下的辛劳。朝廷可以没有吕惠卿，但不可以没有王安石，所以我要向您请求辞职。"吕惠卿这番话看似诚恳动人，其实是在暗示神宗，王安石是因为嫉妒自己的才干和地位而不能再为变法事业尽心尽力。而吕惠卿提出愿意通过辞职来挽留王安石，既表明了他顾全大局的高姿态，又以退为进，贬损了王安石在神宗心目中的形象。可见吕惠卿为了保住自己的地位，居然能毫无顾忌地陷害有恩于自己的人。后来，在诸多变法问题上，吕惠卿无不与王安石严重对立，处处节外生枝，制造矛盾，持续恣意离间神宗与王安石之间的关系。总之，吕惠卿与王安石离心离德，最终反目成仇，直接导致了变法阵营内部的分裂，进而带来了一系列严重后果。

事实上，吕惠卿并不是变法官员中最令人不齿的一类人。吕惠卿虽然热衷于功名利禄，缺乏一定的道德修养和秉性操守，但他毕竟是宋神宗和王安石改革事业的坚定支持者，也具备从事实际工作的才干。变法派内部还有一些官员，如邓绾等人，其道德观念、官场节操最为卑琐不堪。邓绾曾对人说："笑骂从汝，好官须我为之。"这些人虽有一定的学养和才干，却善于趋炎附势，在朝为官，主要考虑个人的利害得失，完全没有政治家应有的操守。因此，后世有极端的评价认为，王安石变法败坏了宋代士人的良好风气。

## 宋神宗态度的转变

其实，整个变法一直都在神宗皇帝的掌控中。宋神宗即位之初，朝中官员无人支持他施行有为之政。在这种情况下，神宗赏识、重用并信任王安石，几乎到了言听计从的程度。同时，神宗还非常积极地扶持变法派。但即便如此，神宗还是进行了很多人事上的安排来限制王安石与变法派的权力。熙宁二年，神宗提拔王安石任参知政事的同时，组建了新的执政班子，同时任命了五位执政大臣，时人将这五人称为"生老病死苦"。"生"指王安石，他正生机勃勃地筹措变法；"老"指曾公亮，他已年近古稀；"病"指富弼，他因为反对变法而称病不出；"死"指唐介，他反对变法，每日忧心忡忡，变法刚开始就病死了；"苦"指赵抃（biàn），他不赞成变法，但又无力阻止，成天叫苦不迭。从这个执政班子的组成人员中可以看出，除了王安石以外，其他宰臣大多是反对进行变法的。这正体现了宋神宗的良苦用心，他既希望通过王安石来实现自己胸中的大志，又选用反对变法的旧臣来牵制王安石的权力。

随着变法的全面展开，宋神宗与王安石之间的关系产生了微妙的变化。一方面，王安石不满神宗任用反对派大臣的行为；另一方面，反对派不懈攻讦变法与变法派自身的分裂，使得神宗在心理上留下了难以磨灭的沉重阴影。熙宁七年（公元1074年），面对反对派的攻击和宋神宗的怀疑，王安石无奈地辞去宰相之职。从此以后，宋神宗逐渐改变了对变法派和反对派的看法，他不再像以往那样充分地信任变法派大臣，而是更为单纯地利用他们治理国家。熙宁九年（公元1076年）十月，邓润甫上奏请求神宗起用反对派官员，神宗当即对其委以重任。而在此前，李师中只是奏请神宗将反对派司马光召回中央，便遭到了非常严厉的惩处。两相比较，可以看出神宗的心态变化是极大的。

熙宁八年（公元1075年）二月，王安石回到中央，再度出任宰相。在此之后，宋神宗在变法事务上基本是自作主张了。时人吕本中曾有这样的说法："王安石再次为相，神宗对其多少有些厌烦，处理政事，多不听从他的建议。王安石后来感叹道：'神宗能听一半我的建议也好啊！'"王安石这句话的言外之意是神宗完全不重视他的意见，可见曾经志同道合的君臣二人此时已经渐行渐远。熙宁九年十月，王安石辞去宰相之职，回到江宁闲居。归隐江宁的王安石虽然被政治斗争折磨得身心俱疲，却依然牵挂着变法事业的进展。元丰七年（公元1084年），即宋神宗去世前半年，他任命司马光和吕公著担任太子的老师，这两人都坚决反对变法革新，是长期被王安石打击的反对派代表人物。这不能不使王安石更加忧心新法的未来。

清宫殿藏本司马光像

## "元祐更化"与王安石变法的污名化

元丰八年（公元1085年）三月，38岁的宋神宗走到了生命的尽头。根据遗诏，9岁的皇子赵煦即位，是为宋哲宗。哲宗即位后，神宗的母亲高氏被尊为太皇太后,由于哲宗年幼,朝政实际上掌握在高太后的手中。高太后坚决反对变法,她垂帘听政之后,重新起用了在变法过程中离开朝廷的诸多反对派官员,如司马光、吕公著等人,并开始着手彻底废除熙宁新法。哲宗登基后仅数月,以司马光为首的反对派在高太后的支持下,强调恪守祖宗之法,废除了王安石、宋神宗经营10余年的绝大多数新法。同时,司马光等人改变了神宗时期积极进取的对外方针,放弃了宋夏边境的部分军事要塞,重新采取对西夏妥协的政策。由于这一时期哲宗的年号是元祐,所以反对派所实施的这一系列政策又被后人称作"元祐更化"。

在废除新法的同时,反对派也开始打击朝廷中的变法派成员。蔡确、吕惠卿、曾布、章惇等变法派骨干都遭到了反对派的报复。反对派群臣还制造了"车盖亭诗案",将以蔡确为首的数十名变法派官员贬出朝廷。自元祐以后,这种性质复杂的党争愈演愈烈,朝廷上下充斥着党派之间的倾轧、复仇、清算以及绞尽脑汁的人身攻击。最初因为政见不同而造成的党争,已经彻底沦为一种发泄私愤的手段。北宋王朝在党争所带来的一次次的大规模内耗中,不可避免地愈来愈虚弱。

王安石变法失败了,对这场变法的批判却没有停止,到了南宋时期,甚至出现了王安石变法导致北宋灭亡的言论。这是怎么回事呢?宋廷南渡以后,宋高宗面对南宋初期山河破碎、人民流离失所的严重危机,需要找到合适的人来替父兄背负亡国的罪责,以便维持皇帝的开明形象,从而团结人心,重新确立赵宋王朝的统治。同时,徽宗、钦宗时期活跃在政坛中央的"新党"官员在靖康之变中大多被金人掳走,而许多曾经被划为"旧党"的官员和他们的门生、子孙因为被贬黜到边地,在国难之际反而得以幸存。高宗登基后,这批"旧党"官员重新获得任用，他们急切地希望恢复"旧党"的政治地位。在这种背景下，抹黑王安石及其所推行的新法成为宋高宗君臣的共识，他们开始将宋徽宗和蔡京祸国殃民的罪行全部转嫁到王安石身上。

赵鼎是倾向"旧党"的理学家邵雍的门生，他在建炎三年（公元1129年）上书高宗，攻击王安石败坏祖宗之法，请求高宗撤去太庙中王安石配享之位。"旧党"官员吕聪问认为王安石所提倡的"新学"是迷惑群众的"邪说"，应当加以禁绝。"旧党"代表人物范祖禹之子范冲更是指斥"天下之乱，实兆于安石"。面对"旧党"官员声势浩大的舆论，宋高宗"顺应人意"地称自己尊崇元祐之政，全面否定王安石所推行的新法和新学。在宋高宗的支持下，大部分新法再度被废除，新学被定性为"邪说"，遭到禁止，"旧党"官员的名誉和官职得以恢复。

宋高宗君臣对王安石"变乱祖宗法度""任用奸臣"从而导致北宋亡国的指责，不过是为徽宗、钦宗开脱罪责所编造出来的一套说辞。虽然王安石在变法过程中确实存在一意孤行、用人不当的失误，但变法在客观上的确取得了"富国强兵"的成效。而蔡京等人推行的"变法"实际上是借变法之名行聚敛钱财之实，已经完全背离了王安石变法的初衷。所以，宋高宗将北宋灭亡的原因归于王安石变法的做法，是有失公允的。

# 内外交困下的靖康之变

文：游彪

### 错位的天才

元符三年（公元1100年）正月，年仅24岁的宋哲宗去世，神宗皇后向氏以太后身份垂帘听政。由于哲宗没有留下子嗣，向太后便召集群臣商议由何人继承皇位。宰相章惇提出，按照礼法，当立哲宗同母弟赵似；若按照无嫡立长原则，当立申王赵佖（bì）。而向太后本人看中了端王赵佶，这大概与赵佶杰出的书画才能和他在向太后心目中良好的印象有关。章惇反对说："端王轻佻，不可以君临天下！"这显然是在质疑赵佶的人品，但向太后不以为然，仍然固执己见。双方为此僵持不下，互不相让。在这一关键时刻，同为执政的曾布、蔡卞、许将等大臣附和向太后的意见，章惇势单力薄，只好不再争辩。19岁的赵佶就这样被向太后、曾布、蔡卞等人推上了皇帝宝座，是为宋徽宗。

章惇之所以批评赵佶轻佻，恐怕与赵佶从小养成的性格有关。赵佶自幼养尊处优，逐渐养成了轻佻浪荡的花花公子习性。据说在赵佶降生之前，其父神宗曾经梦到南唐后主李煜。这种李煜托生的传说固然不足为信，但在赵佶身上，的确有某些李煜的影子。他从小就格外钟情于笔墨丹青、骑马射箭与蹴鞠，尤其是在书法绘画方面表现出了非凡的天赋。随着年龄的增长，赵佶变得越发痴迷于游戏、诗词歌赋。

宋徽宗《文会图》

赵佶还具有艺术家放荡不羁的气质。他经常以亲王之尊微服游幸青楼歌馆，寻花问柳。凡是京城汴京有名的妓女，几乎都与他有染，有时他还将喜欢的妓女乔装打扮带入王府，长期据为己有。赵佶继承皇位之后，在杭州设立了金明局，委派宦官童贯严加管理，专门负责为他搜罗古董文玩、奇珍异宝。为了满足自己寻欢作乐的欲望，他还专门设立了行幸局，负责安排出行事宜。

徽宗即位之初，贪图享乐的本性有所收敛，做出了一番励精图治的样子。他屡次颁布征求直言的诏令，广开言路，平反冤狱，贬窜奸佞，选贤任能，大有成为一个中兴天子的想法。假如他能够吸取历史上那些亡国之君的教训，持之以恒，不受奸佞小人左右，北宋末年的政局将是另一种走向。令人遗憾的是，这段清明政治并没有持续多久，在蔡京等人的劝诱下，徽宗喜好奢靡的本性逐渐暴露出来。他开始荒废朝政，过上了荒淫无度的生活。

## 误国之臣

宋徽宗19岁登基，此前几乎没有从政经验，加上他是以庶子身份继承皇位，深恐自己威信不足，便请求向太后垂帘听政。向太后在政治上倾向于王安石变法的反对派，正是在她的支持下，反变法派的骨干、韩琦之子韩忠彦才得以出任宰相。但不久之后，向太后就去世了，没有了向太后的约束，徽宗有意恢复其父神宗时期的各项举措。在徽宗即位的第二年，他改年号建中靖国为崇宁，向天下昭示自己尊崇熙宁的意愿。

帮助徽宗实行变革的人则是蔡京。蔡京，字元长，兴化仙游（今福建仙游）人，23岁考中进士，开始步入仕途。蔡京权力欲极强，早在青年时代就是一个十足的"官迷"，其言行始终以获得官职升迁为目的。他没有固定的政治见解，是一个典型的政治投机分子。蔡京最初依附王安石而得以升迁，宋神宗死后，高太后掌权，反变法派得势，蔡京遂见风使舵，转而投靠司马光。宋哲宗亲政后实行"绍述"，蔡京摇身一变，成为恢复新法的急先锋。徽宗即位之后，蔡京被弹劾罢官，但他又结交徽宗身边的红人童贯而东山再起，被任命为定州知州。崇宁元年（公元1102年），同为宰相的曾布和韩忠彦因争夺权力，矛盾不断激化，他们两人都希望通过拉拢被贬在外的蔡京来打击对方，以巩固自己的政治地位。蔡京回到朝廷后，一方面鼓动党羽挑拨徽宗与韩忠彦、曾布之间的关系，另一方面制造声势，使徽宗相信要诚心继承神宗的改革事业，非得重用他不可。崇宁元年七月，蔡京升任右丞相，徽宗和蔡京这对艺术上的知音从此正式成为政治上的伙伴。

在蔡京重获任用之后，韩忠彦与曾布相继被排挤出朝廷，蔡京得以独占宰相之位。此后，蔡京与徽宗又联手迫害高太后、向太后垂帘听政时期表现活跃的"旧党"官员，超过百人遭到贬逐。同时，为了避免"旧党"日后的反扑甚至翻案，徽宗和蔡京下令在各个州县树立"元祐党籍碑"，以示铁案如山。徽宗与蔡京还命令各个州县销毁"旧党"官员如苏洵、苏轼、苏辙、黄庭坚等人的文集。这场声势浩大的政治清洗在历史上被称作"崇宁党禁"。在这一时期，蔡京不仅与徽宗合作打击反变法派，同时还无情地打压曾经的变法派同僚。吕惠卿、章惇等人要么被迫退休，要么被一贬再贬。"党禁"结束之后，依然有不少朝廷重臣被排挤出朝廷，甚至蔡京的弟弟蔡卞也因为与

元祐党籍碑

兄长意见不合而遭到贬逐。在崇宁初年接二连三的政治斗争之后，党争所带来的混乱局面得以暂时结束，徽宗和蔡京的权威确立起来。

蔡京工于心计，深谙为官之道，他凡事都讨好徽宗，得到了徽宗的高度信任。蔡京不仅搜刮民脂民膏以满足徽宗的奢靡享受，更引经据典，劝说徽宗相信处在太平盛世的帝王要敢于大肆挥霍钱财，不必拘泥于世俗的礼法。这实际上是引导徽宗尽情享乐。蔡京凭借其对徽宗的逢迎，在徽宗朝四次出任宰相，前后执政近20年，成为名副其实的宋朝第一权相。

在蔡京之后继任宰相的是王黼。王黼依附宦官梁师成，并拜其为父，尊称梁师成为"恩府先生"。在梁师成的大力举荐下，王黼很快拜相。王黼升任宰相后，假借徽宗的名义大肆搜刮天下财物，但献给徽宗的不过十分之一，其余尽归自己所有。王黼还公开卖官鬻爵，所有官职明码标价，只要出钱就可以买到。王黼的所作所为表明，北宋晚期的士大夫并非以天下为己任，而是千方百计地谋求升官发财，为达到这一目的，他们不惜使用任何卑劣手段。可见当时的

宋徽宗任用六贼，出自纯忠堂藏版《帝鉴图说》

士大夫阶层已经堕落，士风大不如从前，这无疑是促成北宋覆灭的重要因素之一。

## 腐朽的内政

蔡京是打着继承新法的旗号上台的，其中经济改革自然成为改革活动的中心。食盐在宋朝属于国家专卖产品，其专卖收入在国家财政中占有举足轻重的地位，因此宋朝政府历来非常重视食盐专卖。早在宋仁宗庆历年间，北宋政府就已经开始向商人出售一种名为"盐钞"的食盐买卖许可证。蔡京当政后，为了搜刮全国的财富，以夸耀富强，从而保住自己的权力和地位，开始谋划更改盐钞法，以便最快捷、最有效地增加中央财政收入。崇宁二年（公元1103年），蔡京推行了新的盐钞法。他通过不断发行新钞的方式，人为地促使旧钞不断贬值，从中牟取暴利。新的盐钞法虽然有效地提高了朝廷的收入，却使大量盐商赔本破产，造成了宋朝经济秩序的严重混乱。

在进行盐钞法改革的同时，蔡京还在币制、赋税、茶法等方面实施了改革。这些改革在初期确实起到了为国理财的作用，缓解了北宋王朝国家财政的危机。但部分官僚胡作非为，打着改革的幌子盘剥百姓，引起了宋朝社会的动荡不安，从而埋下了北宋王朝覆灭的祸根。

为了营造太平盛世的氛围，北宋王朝兴建了很多大型土木工程，其中就包括位于汴京城东北的万岁山。据说，徽宗即位之初，皇子不多。道士刘混康提出建议，京城东北角正处在八卦的艮位上，如能将其地势垫高，徽宗便能够多子多福；如若修建成假山园林，国家必将繁荣昌盛。徽宗对此深信不疑，自从将此地增高为土岗之后，徽宗果然连连得子。徽宗在兴奋之余，下令崇奉道教，兴建宫观。同时，徽宗征发大量士兵、工匠，继续修建万岁山。这项浩大的工程一直持续到北宋灭亡，耗费了难以计量的国库财富。

为了修建假山，徽宗还兴起了著名的"花石纲"之役。他专门在苏州设置应奉局，负责把江南的奇花异石运到京城。为了保证奇花异石及时运送到汴京，就必须不断征调各色船只从事运输，甚至连运粮船也不放过。沿途百姓被迫服各种劳役，无疑额外增加了一项沉重的负担。各级地方官也趁机敲诈勒索，致使许多拥有奇花异石的百姓倾家荡产，东南地区民怨沸腾。到宣和二年（公元1120年）十月，终于引发了方腊起义。

## 失败的外交

收复燕云十六州是北宋历代皇帝的夙愿，当女真人在东北地区兴起时，联金灭辽便成为北宋朝廷的热门话题。当时执政的王黼极力推动北宋与金国达成了所谓的"海上之盟"，宋金两国约定同时出兵伐辽。事成之后，燕云十六州归宋，宋将原本给辽的岁币如数转送给金。

但是，宋廷内部对于是否联金灭辽有着不同意见。王黼、蔡攸等人力主出兵伐辽。宇文虚中则上书反对伐辽，他指出宋朝准备不足，不可以轻易出兵。蔡攸之父蔡京也反对与金朝结盟夹攻辽朝的决策，他认为这会破坏宋辽两国自澶渊之盟以来互相信任的关系，还作诗劝阻出兵。众所周知，蔡京一贯以逢迎皇帝所好著称，但他在这件事上一反常态，可见他非常担忧徽宗的举动。然而，徽宗一心想要建立

"千古奇功",没有听取宇文虚中和蔡京等人的反对意见。

在"海上之盟"签订后不久,宋朝南方就爆发了方腊起义,原本准备伐辽的宋军在童贯的率领下迅速南下平叛。虽然方腊很快被俘,但宋军伐辽的准备工作被打乱了。宣和四年(公元1122年),北宋派童贯、蔡攸率军伐辽。北宋为这次伐辽调集了20万军队,其主力长期在陕西前线与西夏作战,堪称宋军的精锐。童贯作为这次出兵的总指挥之一,虽然有过多次指挥作战的经历,但他不了解辽军的实力,犹豫不决,不敢大举进攻。宋军的另一位总指挥蔡攸则完全不懂军事,他赞成伐辽,纯粹是以为伐辽的胜利唾手可得,想要趁机抢夺功劳。

不久,辽方主政的燕王耶律淳病死,宰相王黼认为有机可乘,便免去了名将种师道的指挥权,任命刘延庆为都统制,负责率领宋军攻辽。面对宋军造成的压力,辽将郭药师率部降宋,急于立功的郭药师提出了率军偷袭燕京的计划。此时,辽将萧干正率领辽军主力在燕京城外布防,燕京城内十分空虚。郭药师率军偷袭燕京得手,却在城中大肆抢掠。耶律淳的妻子萧德妃一面组织抵抗,一面密令萧干回军救援。刘延庆面对战机却迟迟不发动总攻,导致郭药师在燕京城中与辽军激战三昼夜,因孤军无援,只能弃城而走。这时,姗姗来迟的刘延庆部距燕京还有20里,萧干乘胜袭击刘部,刘延庆望风而逃,宋军大败。此役被称作"燕山之战"。

金人将宋军的虚弱看在眼里,并开始轻视宋朝。金军灭辽后,以宋军未能如约夹攻辽军为由,向宋朝索要更多的钱财。金军还占据了燕云的几处战略要地,不肯交给宋方。宋朝在交付了大量金钱后,只得到了几座空城。金人在燕地大肆劫掠,本已降金的辽平州(今河北卢龙)守将张觉再次起兵反金,宋方认为有机可乘,便招降了张觉。后来金军突袭平州,张觉战败,逃到宋军军中。金人于是向宋方索要张觉，并指责北宋违背盟约。宋廷无奈，只好将张觉移交给金军。郭药师等辽国降将因此心存顾虑，开始密谋投降金朝。

## 靖康之变

宣和七年（公元1125年）十月，金太宗下诏分东、西两路入侵宋朝。西路军自云中（今山西大同）出兵，目标直指太原；东路军则由平州南下，进攻燕京。金人计划东、西路金军分别攻克燕京和太原后，两军再合兵南下进攻北宋都城开封。西路金军在完颜宗翰的率领下，起初势如破竹，连战连胜，只用了两个月便围困了太原城，但在太原遭到了宋朝守军的顽强抵抗，迟迟不能继续向开封推进。东路金军由完颜宗望担任主帅，进展非常顺利，因驻守燕京的郭药师降金，东路军在他的引导下避开了宋军重兵布防的地区，长驱直入，很快便渡过黄河，兵锋直指开封。宋徽宗听说金军南下的消息，慌忙传位于太子赵桓，也就是宋钦宗，自己则仓皇逃往江南避难。

徽宗南逃，新君初立，北宋朝野上下群龙无首，乱作一团。李纲临危受命，担任东京留守，负责组织开封城的保卫工作。李纲虽然是一个从未

宋钦宗像

参与过军事指挥的文官，但他在十分有限的时间内居然相当有效地组织起了开封的城防工事，并多次击退金军的进攻。与此同时，北宋各地的勤王之兵源源不断地在开封附近集结起来。但是，在和与战两端摇摆不定的宋钦宗不顾逐渐好转的防御形势，执意要与金军议和。开封城外的完颜宗望深知破城无望，于是答应了宋朝议和的请求。在和约即将达成之际，宋钦宗突然授意将领姚平仲率军夜袭金军营寨，结果宋军惨遭失败，六神无主的钦宗立即罢免了主战的李纲等人。虽然在爱国群众的强大舆论压力下，李纲很快官复原职，但宋钦宗向金人求和的决心是无法改变的。在钦宗的坚持下，北宋以割让河间（今河北河间）、中山（今河北定州）、太原以北的土地为代价，与金人签订了"城下之盟"。

和约达成之后，东路金军向北撤退，而正率军向开封进军的西路统帅完颜宗翰得知宋金已经缔结和约，也向北撤退，准备按照和约接收太原以北的各个州县。但宋钦宗并不打算履行和约条款，下令河间、中山、太原等地守军继续抵抗。金朝十分恼怒宋钦宗出尔反尔的行径，于靖康元年（公元1126年）八月再次兵分东、西两路攻宋。这一次，西路金军很快攻克了太原城，得以继续南下，东路金军依旧兵锋锐利。当年闰十一月，两路金军会师于开封城外，金军第二次围困了北宋的首都开封。

在宋钦宗与金朝签订"城下之盟"后，北宋朝廷中的一些大臣嫉妒李纲在第一次开封保卫战中的突出表现，试图排挤李纲，于是怂恿钦宗派李纲去解救被金军围困的太原城。最终宋军的各路援军被以逸待劳的金军各个击破，李纲因为救援不力而被贬黜。到了金军第二次围困开封城的时候，宋朝的守军数量虽然远远多于第一次开封保卫战时期，但由于李纲等主战派大臣未能得到重用，负责守卫开封城的官员多是贪生怕死的无能之辈，开封城的防御形势反而不断恶化。守卫东京外城南侧城墙的李擢丝毫没有察觉金军填平开封护城河的企图，成天只知宴饮享乐。面对金军的不断进逼，钦宗又听信一个叫郭京的妖道之言，幻想依靠郭京从市井游民中招募的7777人组成的"六甲神兵"来抵御金军的攻城。事实证明，这不过是钦宗闹出的一个荒唐的笑话，"六甲神兵"不过是一帮临时拼凑的乌合之众，毫无战斗力可言，金军不费吹灰之力便将其击溃，一举攻占了开封外城。

金军占领开封外城之后，为了避免陷入女真骑兵不擅长的巷战，主动向宋钦宗提出议和，宣称只要宋朝满足其索取财物的需求，就可以退兵。惊魂未定的宋钦宗已毫无斗志，认为与金人讲和是唯一的选择，于是下令在开封府内大肆搜刮民间财物，以满足金军的无理要求，不足的部分甚至要以妇女相抵。同时，钦宗还先后两次前往金营求和，结果被金人扣留，最终被迫写下了请求投降的文书。金军得到钦宗的降表后，顺利地进入开封内城，北宋王朝宣告灭亡。

金人在撤离开封时掳走徽、钦二帝以及后妃、宗室、大臣，朝廷上下为之一空。此外还有大量工匠、妇女，被驱掳的百姓男女不下10万人。徽宗父子一路颠沛流离，受尽屈辱，最后死于五国城（今黑龙江依兰）。

# 不平等的和平：绍兴和议

文：游彪

## 女真的战略进攻和宋军的战略防御

靖康二年（公元1127年）五月，北宋徽宗诸子中唯一的幸存者赵构在金军退走之后，于南京（今河南商丘南）即位，改年号建炎，是为宋高宗。赵构仍然沿用大宋国号，史称"南宋"。南宋建立以后，按理来说当务之急是选贤任能，重振国家，制订积极进取的战略计划，营救徽宗、钦宗父子。但高宗并无中兴国家之意，更不想营救徽宗、钦宗，而是想方设法保住自己的皇位和保证自己的安全。

赵构即位初期，采取两面手法。一方面，为了网罗人心，他下诏起用曾经在北宋都城保卫战中深孚众望的著名抗战派大臣李纲为相，

宋高宗像

借李纲的名声来稳固自己的统治。同时，他接受李纲的推荐，任用忠心报国的宗泽防守北宋的故都。为了笼络人心，稳固统治，赵构不断地发布诏令，表示自己要随时返回开封，祭拜祖宗、社稷，带领全国人民与金人作战，收复故土。

另一方面，赵构并不敢和强大的金朝公开决裂，他派使臣魏行可向金朝示好，以换取求和的机会。为了远离北方战区，确保自己的安全，赵构一直谋划南逃。在主战诏令刚刚颁布三天后，赵构就再次颁布手诏说："京师未可往，当巡幸东南。"同时又用高压政策堵住悠悠众口，下令加紧向南逃到扬州。

宋高宗对金军心怀恐惧，这种恐惧来自他北宋末年在金营做人质时的经历，更是因为目睹了父亲、兄长被俘的惨烈事实。面对凶猛如虎的女真军队，赵构心惊胆战，称帝后首先考虑的是个人的安危，而不是恢复社稷与营救父兄。围绕在赵构身边的文武官员，李纲、宗泽等一部分大臣坚决要求对金朝采取主动出击的强硬态度，且决不妥协，但很快就遭到主和派排挤，李纲被罢免，宗泽病逝。另一部分大臣如黄潜善、汪伯彦等人则希望先找到一个安全的容身之所，躲避金军犀利的攻势。他们主张通过与金军谈判来换取和平，不仅不积极组织武力抵抗金军，反而不断打击要求抗金的官员。而北方遭受金军蹂躏的百姓则希望新建立的南宋政权能够带领他们将入侵的女真人赶出家乡，他们强烈地盼望赵构能够回到北宋都城开封，号召天下，与金人决战。

赵构君臣疏于防御，给南下的金军以可乘之机。建炎三年（公元1129年）正月，金军前锋直逼扬州，黄潜善、汪伯彦误判形势，丝毫未做准备，导致10万南宋御营军在金军逼近后不战而溃，望风解体。赵构得知金军已经来到扬州，惊慌失措，带着亲随狼狈出逃。一时间，扬州城内群龙无首，一片混乱，被金军轻而易举地攻破，宋方大量财物落入金军之手，城内百姓遭到欺凌、杀戮。

建炎三年二月十三日，赵构逃到杭州，罢免了投降派黄潜善、汪伯彦的宰相之职，提拔王渊。但王渊与作恶多端的宦官康履勾结，康履也是扬州溃败的罪魁祸首之一。面对宋高宗消极抗金和用人不当的政策，将官苗傅和刘正彦利用军民强烈的愤怒情绪，发动兵变，杀死王、康，逼迫赵构退位。后赵构依靠吕颐浩、韩世忠等文武官员平定了兵变，重新登基。这场政变让赵构认识到了手握兵权的重要性，也提醒他必须收揽人心。为此，赵构重新摆出一副抗战的姿态，声称自己"每念中原，未尝终食敢忘"。赵构表面上表示要收复中原，实际上却加紧向金朝求和，希望卑躬屈膝能换取金朝承认自己的统治地位，甚至"愿去尊号，用（金朝）正朔，比于藩臣"，向金朝称臣。这是极为奴颜媚骨的行径。

赵构的摇尾乞怜并未换来金朝统治者的认可，建炎三年七月，金太宗以兀术（完颜宗弼）为统帅，兵分四路南侵，宣称要灭亡南宋。已如惊弓之鸟的赵构接受宰相吕颐浩的建议，逃往海上躲避。他们君臣在海上漂泊数月，狼狈不堪。金军追击宋高宗，但并未得逞，在由江南北撤的途中，被南宋将领韩世忠部拦截在黄天荡，险遭灭顶之灾。此后，金军再也不敢轻易渡江。高宗对金军恐惧不已，担心金军再次南下，便命令张浚在陕西发动攻势，以牵制金军。张浚在富平主动出击金军，虽然战败，但打乱了金太宗南下的部署，迫使兀术撤军，从而解除了金朝对南宋的直接威胁。

## 战略相持阶段

绍兴四年（公元1134年）至绍兴八年（公元1138年）间，南宋在川陕、两淮、中原地区与金朝、伪齐展开争夺战。经过数次大规模的战争和北伐反攻，南宋夺回了部分失地，与金朝进入战略相持阶段。

川陕战场延续了此前的胶着状态，宋军在与金人进行了数次大战后，转入了防御态势。金朝一度企图从川陕南下，灭亡南宋。绍兴四

南宋刘松年所作的《中兴四将图》，刘光世、韩世忠、张俊、岳飞全身立像

年二月，兀术率领10万大军进攻咽喉要塞仙人关。吴玠与其弟吴璘共同率领宋军迎敌，进行顽强抵抗，以弓弩射杀了大量金兵，然后组织反击，大败金军。兀术被迫撤兵退至凤翔，也就是现在的陕西宝鸡。吴玠趁机收复甘肃东部和陕西西部的秦、凤、陇等地。金军企图由川陕灭宋的计划破灭。

两淮战场主要由韩世忠负责指挥。绍兴四年九月，金朝与伪齐联合进犯两淮地区，韩世忠在张俊、刘光世等将领畏惧不进的情况下，毅然率军渡江迎敌，并在大仪镇（今江苏扬州西北）设伏兵，击败敌军。绍兴六年（公元1136年），韩世忠移屯楚州（今江苏淮安），成为守卫淮东地区的主帅。他积极发展生产，联合山东义军，以不足三万人的兵力，使淮东成为保卫东南的重要屏障。

中原战场是由岳飞通过三次北伐开拓的。绍兴四年五月，岳飞第一次率军北伐，两个多月时间，取得了收复襄阳等六个州郡的重大胜

利，夺回了现在的湖北中部、北部以及河南南部的广大地区。绍兴六年，岳飞再次从襄阳北伐，直取中原，不到一个月时间，岳家军先后收复汝州等大片失地，包括现在的河南南部、西部和陕西东部地区。面对岳飞与岳家军的大举反攻，金军接连战败，失去了对宋金战争的控制权，南宋收复中原的形势一片大好。但因得不到高宗的支持，岳飞被迫撤军。

在这些战争中，金朝屡屡战败，兵力大大削弱，士气逐渐衰退，没有实力再一举南下灭掉南宋。南宋则受到军事实力的制约与投降派的阻挠，也无法北上收复北宋全部故土，形成了宋金对峙的局面。

自建国以来，南宋的军队都掌握在抗金将领手中。这些将领拥兵自重，各自占据一方，令没有兵权的宋高宗如芒在背。宋金战事缓和后，高宗为巩固皇权，立即着手收缴兵权。绍兴七年（公元1137年），淮西防区发生兵变。郦琼等将领不愿服从倨傲凌下的新任督军吕祉，于是杀死吕祉，率四万余将士投奔伪齐，导致淮西防区空虚。经历了这次事变，宋高宗进一步加快削弱武将势力的步伐，推行"抚

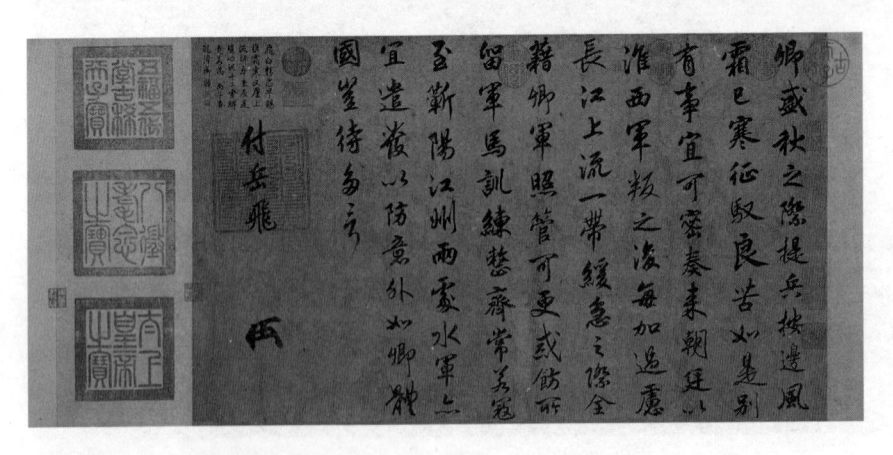

宋高宗赵构《赐岳飞手敕》

循偏裨"的政策，即扶植偏将，分割主将的兵权。这场兵变后，宋廷内部的权力关系也发生了变化，主和派赵鼎代替主战派张浚担任宰相，另一位主和派大臣秦桧任枢密使，把持军事指挥权。这样，主和派就在宋廷内部掌握主导权，导致宋廷的政策开始由主战转向主和。

宋高宗赵构一直希望与金朝议和，借机保住自己的帝位，因而从登基之日开始，便不断向金朝派遣使臣，奴颜婢膝地乞求议和。伪齐政权垮台后，宋高宗认为宋金之间议和的障碍得以消除。绍兴七年二月，趁着迎回北宋徽宗棺木之机，宋高宗再次令使臣王伦向金朝表达求和之意。此时的金朝在不能成功灭宋的情况下产生了厌战情绪，再加上金朝统治集团内部发生权力变动，挞懒（完颜昌）一派掌握大权，他们主张对南宋政府采取"以和议佐攻战"的诱降策略。于是，金朝对南宋的议和主张表示认可。不久，返回南宋的王伦向高宗皇帝禀报金朝愿意议和的态度，高宗闻讯欣喜不已，立即再度起用之前大力鼓吹宋金议和的秦桧，全面负责议和事项。

南宋主动与金朝议和，遭到朝廷内外很多官员的强烈反对。胡铨等主战派上书抨击秦桧，反对与金朝议和，但宋高宗不同意他们的建议，这些人还因此获罪被贬。岳飞也因上书反对议和而遭到更为恶毒的攻击。十二月，金朝使者张通古到达临安（今浙江杭州），趾高气扬，称南宋为"江南"，要求高宗赵构叩拜迎接金熙宗的诏谕。消息传出，高宗担心激起众怒，便以为徽宗居丧的借口，令秦桧代替自己跪拜迎接了金熙宗的诏谕。根据议和条件，金朝将原伪齐统治的河南、陕西地区划给南宋，南宋向金朝称臣，每年向金朝进贡银、绢50万两、匹。

## 战略平衡

和约签订后，金朝统治集团内部出现了不同意见，其中完颜宗翰、兀术等尤为反对议和。绍兴九年（公元1139年）七月，兀术集团掌权，在兀术等人的建议下，金熙宗决定出兵南下。

绍兴十年（公元1140年）五月，金朝撕毁与南宋签订的和约，分兵两路，重新攻占已划归南宋的河南、陕西地区。兀术南进至顺昌府（今安徽阜阳）时，遭遇刘锜和知府陈规带领的南宋军队的顽强抗击，不得不退回开封。这次战役遏制了金军打算渡过淮河南下的念头。西路金军在经过与南宋吴璘等部的艰苦搏杀之后，基本控制了陕西，南宋军队退守蜀地，阻止金军继续推进。

金朝主动撕毁和约，令南宋高宗与秦桧十分被动，反对议和的呼声再次高涨。高宗不得已下令刘光世节制李显忠、王德两军驰援顺昌，同时命张俊、韩世忠、岳飞迎战，做出准备北伐的姿态。实际上，高宗并不打算与金朝角逐中原，只是想保住半壁江山。

绍兴十年，南宋军队在反击金军的战斗中屡屡获胜，表明宋金的实力逐渐接近，特别是岳飞率领的宋军，接连取得郾城（今属河南漯河）、颍昌（今河南许昌）等大捷，因而呈现出收复中原的大好形势。宋高宗赵构与宰相秦桧看到金朝对南宋政权已经不能构成威胁，担心继续用兵有碍对金议和，于是下令从河南、淮北等地撤回各路宋军，以取悦金人。张俊、韩世忠、刘锜所部奉命相继撤退。孤军作战的岳飞也只好在七月下旬退兵，收复的中原地区重新落入金军之手。

宋军撤退，金军统帅兀术趁机率重兵深入淮南，造成大兵压境的态势，这显然有利于宋廷投降派的活动。岳飞提出了北进中原、直击开封的计划，但被高宗与秦桧否决。绍兴十一年（公元1141年），宋将刘锜、杨沂中、王德等部在柘皋镇（今安徽巢县西北）大败金军，金军也在濠州（今安徽凤阳）击败宋军，宋金双方处于对峙状态。

金军南下的威胁解除之后，高宗担心在各地率兵作战的将领握有重兵，难以节制，在秦桧的积极谋划下，高宗决定解除当时的重要将领岳飞、韩世忠、张俊等人的兵权。于是，南宋朝廷以论功行赏柘皋之战为名，将韩世忠、张俊、岳飞三大将召回临安府，三人分别被任命为枢密使和枢密副使。这显然是明升暗降，实际上是解除了三人的兵权，并把三人所领军队收归宋廷直接控制。秦桧拉拢张俊，打击韩世忠、岳飞，制造岳飞冤狱，以"莫须有"的罪名杀害了岳飞与其子岳云、部将张宪等人，同时罢免了韩世忠的官职。

《八相图》之秦桧像

与此同时，宋高宗和秦桧加紧对金乞和。绍兴十一年十月，宋高宗赵构派遣使臣魏良臣赴金。十一月，金朝使臣萧毅、邢具瞻随魏良臣入宋，提出和议条件。双方最后达成和约：宋向金称臣，两国以淮水至大散关为界，宋每年向金纳贡银、绢各25万两、匹。史称"绍兴和议"。

绍兴和议结束了宋金之间长达10余年的战争状态，形成了南北对峙的局面。绍兴和议后，宋金之间维持了近20年的"和平"，但这种"和平"局面是以宋金在政治上的不平等关系与南宋在经济上的屈辱为代价换来的。

# 失败的宋孝宗北伐

文：游彪

## 中兴之主

宋孝宗赵昚是宋太祖赵匡胤的七世孙。自宋太宗赵光义通过"斧声烛影"密谋继位后，皇位一直在太宗一系传承。宋高宗独子过早夭折，朝中不少官员建议高宗从太祖的后裔中挑选继承人。绍兴二年（公元1132年），高宗选中6岁的赵昚，养育于宫中。赵昚36岁时被立为太子，同年登基，宋朝的皇位又重新回到太祖一系。

据说岳飞某次觐见高宗后遇到了年少的赵昚，不禁感叹："中兴的基业，大概就在这孩子身上吧！"此后岳飞还两次请求高宗立赵昚为皇储，可知岳飞早已看出赵昚要恢复中原的远大志向。绍兴三十一年（金大定元年，公元1161年），金主完颜亮迁都开封，发动南侵战争。当时朝中多数大臣主张逃跑，时年35岁的赵昚十分气愤，主动上书请求领兵与金人决战。但经过老师史浩的提醒，为了避免高宗疑心，他再次上书，请求在高宗亲征时随驾保护，以表示自己的孝心与忠心。

战争初期，金军在淮西渡河，如入无人之境。但由于完颜亮的南侵不得民心，金朝统治集团内部的矛盾愈加尖锐。宗室完颜雍发动政变，自立为帝，是为金世宗。完颜亮已无后路可退，决定孤注一掷，准备从采石（今安徽马鞍山境内）渡过长江。督军虞允文在危难中带领南宋军民击退了完颜亮的进攻，赢得了采石之战的胜利。随后，完颜亮在溃逃途中被部下杀死。金世宗是金朝历史上少有的明君，他认为自己刚刚登基，统治的基础还没有巩固，而金朝境内起义、叛乱频发，为避免两面作战，他下令撤兵，并派使者与南宋议和。这是南宋乘虚反攻金朝或者争取平等地位的绝好时机，一时间主战派呼声四起。

绍兴三十二年（公元1162年），迫于主战派的压力，宋高宗将皇位传给太子赵昚，自称太上皇，移居德寿宫。高宗表面上退位，实际上只是换了一种身份继续影响南宋的政局，其主和立场也没有本质上的改变。孝宗对养父高宗抱有很深的感情，不愿违背高宗的意愿，

宋孝宗赵昚像

招致父子失和的尴尬，因此并没有直接表达主战的意图。但是在处理政务时，孝宗一反高宗的做法，或明或暗地实施了几件笼络人心的事情。孝宗起用主战派老将张浚，平反了岳飞的冤案，又驱逐了秦桧的党羽，同时还积极联络北方抗金义军。宋孝宗显露出的主战决心，极大地鼓舞了南宋军民抗击金人的士气。

另一方面，南宋方面的犹豫不决给了金朝喘息的机会。金世宗镇压了国内叛乱后，对宋朝的态度也逐渐强硬起来。金人向南宋索取岁币以及海、泗、唐、邓、商五州之地，即现在的江苏连云港、江苏盱眙、河南南阳和邓州、陕西商洛，被新上任的张浚断然拒绝。金朝便屯兵在安徽宿州一带（今安徽泗县、灵璧），摆出一副马上要进攻南宋的架势，南北局势骤然紧张。张浚主张先发制人，立即进行北伐。此议一出，马上招来了主和派的反对，其中反对最强烈的是孝宗曾经的老师、右丞相史浩。

孝宗即位之初的一些改弦更张之举，如为岳飞父子平反昭雪、联络中原豪杰等，都得到过史浩的积极支持，他还向孝宗推荐了陆游等有识之士，但这些做法并不是为了恢复中原，而是为了维持南宋偏安的现状。史浩认为，北伐劳师费财，南宋又兵弱将庸，主动出兵是冒险之举，退守长江以北，静观金人之变，才是最为稳妥的办法。他与张浚辩论五日，最终未能说服张浚。此时的孝宗正锐气十足，虽然他曾一度在史浩的阻拦下有所犹豫，但经过张浚的鼓励和支持，又坚定了北伐的决心。隆兴元年（公元1163年）四月，孝宗为了避开主和派的干扰，绕过三省、枢密院，直接命令李显忠、邵宏渊等出兵北伐。

北伐初期，宋军接连取得胜利，收复了宿州等淮河以北的大片土地。然而，在取得胜利之后，主帅李显忠产生了轻敌心理。更为严重的是，宋军将领间出现了矛盾。邵宏渊为人心胸狭隘，争强好胜，不甘心位居李显忠之下，张浚又没有及时制止邵宏渊，导致宋军失去了统一指挥。金朝趁机调整战略，派大将纥石烈志宁率军反击，李显忠与金军激战失利，宋军各部相继溃败，最终大败于宿州北部的符离。孝宗所寄予厚望的北伐，仅仅开始了20天便草草宣告失败。

北伐失利给主和派留下了攻击主战派的口实，他们再次活跃起来，纷纷上书弹劾张浚，要求与金人重开和议。德寿宫的太上皇高宗也不断敦促孝宗答应金人的要求，尽快达成和议。迫于内外压力，孝宗不得不做出让步。隆兴二年（公元1164年）十一月，南宋遣使前往金营求和，提出新的和议条款，基本满足了金人的无理要求。金世宗也希望"南北讲好，与民休息"，既然已经取得了实质性的好处，军事手段就适可而止，于是同意了和议条款。十二月，宋、金正式签订和约，史称"隆兴和议"。

陆游像

## 北伐遗恨

孝宗虽然迫于形势与金人媾和，但内心恢复中原的强烈意愿并没有因此彻底消失。鉴于张浚仓促北伐导致失败，孝宗对用兵之事变得谨慎了许多，他集中精力进行各种必要的战前准备，等待时机再图克复中原。

孝宗首先大力整顿军政，提高军队的战斗力。从乾道二年（公元1166年）到乾道六年（公元1170年），他先后进行了三次大规模的阅兵活动，这是南宋自建立以来前所未有的举动，对鼓舞士气、振奋民心有积极作用。除了亲自校阅军队外，孝宗还规定各地驻军每年春、秋两季集中演习，破格提升练兵成绩突出的将佐，重赏武艺出众的士卒。中央禁军兵员冗滥，无法充当作战主力，孝宗对其进行拣选，裁汰老弱，补充强壮的兵员，迅速提高正规军的战斗力。孝宗还重视利用民兵力量，恢复了淮东地区的抗金民兵万弩手，将其改名为神劲军，规定每年八月到次年二月集中训练，为两淮前线增添了一支生力军。

孝宗要再次北伐，亟须解决将帅人选的问题，但随着张浚、吴璘等人相继去世，可以依赖的主战派大臣越来越少。虞允文曾在采石之战中大败金军，表现出杰出的军事才能，而且他力主以武力恢复中原，与孝宗的目标不谋而合，是领导北伐的最合适人选。乾道三年（公元1167年），孝宗任命虞允之为知枢密院事，接替吴璘出任四川宣抚使。虞允文在四川练兵讲武，发展经济，卓有成效，巩固了南宋的西北防线，为再次北伐时出兵川陕奠定了坚实的基础。乾道五年（公元1169年）八月，孝宗召虞允文入朝，命他掌握军政大权。虞允文一方面在财力、物力、兵力上积极为北伐做好准备，另一方面建议孝宗遣使赴金，要求修改隆兴和议中部分侮辱性的条款。乾道六年闰五月，孝宗派范成大出使金朝，提出归还河南陵寝之地和更改接受国书礼仪的要求，遭到金世宗和金朝群臣的断然拒绝。尽管范成大与金人据理力争，毫无惧色，但最后还是无功而返。

虞允文虽然是北伐的坚定支持者，但实际上他心中顾虑重重。一方面，孝宗在隆兴和议签订前，对和战的态度总是摇摆不定，最终在太上皇和主和派的压力下，接受了屈辱的和约。虞允文对此记忆犹新，一旦再次北伐，他担心孝宗又会如法炮制，随时改变主意，使北伐半途而废。另一方面，孝宗十分宠幸东宫旧人曾觌等奸佞之辈，这也令虞允文意识到了潜在的危机。万一北伐不利，自己势必遭到朝野上下的围攻，甚至会有杀身之祸。乾道八年（公元1172年）九月，他辞去相位，再次出任四川宣抚使。临行前，孝宗要求他到四川后立刻出兵，与江淮军队会师于河南。虞允文忧心忡忡地说："我担心陛下届时未必能够配合。"孝宗当即表示："如果你出兵而朕犹豫，就是朕有负于你；如果朕已举兵而你不率兵行动，就是你有负于朕！"然而，孝宗这番慷慨激昂的话并没有打消虞允文的顾虑。虞允文在四川任上时，孝宗任命坚决反战的梁克家为宰相，牵制和阻碍了虞允文的行动，更增加了虞允文的担忧。他到四川后，虽然积极备战，却一再推迟出兵时间。乾道九年（公元1173年）十月，孝宗手诏虞允文，催促他早日出师。虞允文以"军需未备"为由，要孝宗"待时而动"，实际上是拒绝了孝宗的要求，从而使孝宗恢复中原的计划又一次落空了。

淳熙元年（公元1174年）二月，虞允文因操劳过度去世，这对孝宗的中兴大计和北伐信

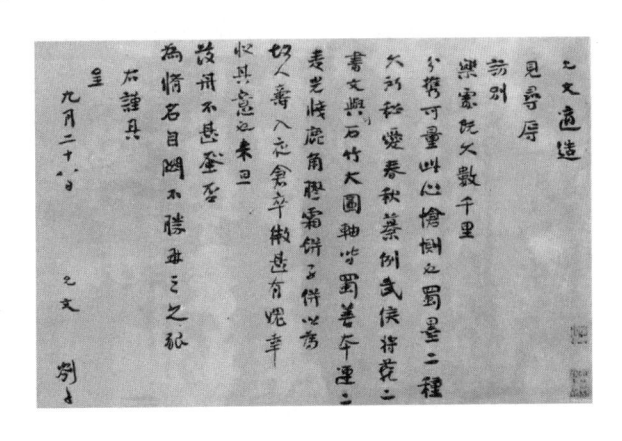

南宋名相虞允文行书手札《适造帖》

心无疑是沉重的打击。南宋再也找不出像虞允文那样坚决主战又有才能的大臣，主战派的不少将领已经亡故，还在世的大臣也日趋消极保守，更不要说主和派官员了。面对朝廷上下安于现状的主流心态，孝宗既痛心疾首，又无可奈何，自己恢复中原的远大抱负无从施展，昔日的锐气渐渐消磨下去，暮气日重。孝宗在位后期，内外政策都转向平稳，南宋朝廷又陶醉在"中外无事"、偏安一隅的升平景象中。

## 整理内政

北伐是孝宗即位之初的一件大事，北伐草草失败后，孝宗就开始着手整理内政，革除南宋初期以来政治上的种种弊端。孝宗积极整顿吏治，裁汰冗官，严明考核制度，加大对贪官污吏的惩治力度，甚至亲自任免地方中下级官吏。南宋建立以后，一直面临财政拮据的问题，孝宗尽量减少不必要的开支，还经常召集负责财政的官吏，详细询问各项支出和收入，认真核查具体账目，稍有出入，就一定要刨根问底。为了改变民贫国弱的局面，孝宗非常重视农业生产，不仅每年都亲自过问各地的收成情况，而且十分关注新的农作物品种。有一次，范成大进呈一种叫"劫麦"的新品种，孝宗特命人先在御苑试种，发现其穗实饱满，便下发到江淮各地大面积推广。

孝宗是南宋时期最有作为的皇帝，他的勤政也确实使皇权得到了集中。但是，从另一个角度来说，这种勤政也对南宋政治产生了消极的影响。一方面，皇帝大权独揽，使得许多原本该由臣下处理的政务，都要由皇帝亲自裁定。文武百官只能俯首听命，少有自己的主见，导致朝政僵化。另一方面，孝宗理政过于烦琐，忽视了治国的大政方针。他把太多的精力放在了细枝末节上，对重大决策反而不经深思熟虑就贸然施行，稍有挫折又马上收回成命。这种朝令夕改、反复犹豫的为政作风也是导致恢复中原计划最终落空的原因之一。因此，有人评价孝宗"志大才疏"，还是有一定道理的。

孝宗为了控制朝政，采取了许多制约权臣的措施，这导致了官员不能齐心协力，共同为南宋的稳定与发展提供助力。为了防止权臣的出现，孝宗在位期间频繁更换宰臣，导致有能力的宰相也不能长期执政，难以施展才干。在宰臣的具体人选上，孝宗恢复了宋朝立国以来"异论相搅"的祖宗家法，提倡宰臣之间存在不同的政见，让他们互相牵制。宰臣们不能团结合作，虽然有利于控制朝政，却给孝宗的中兴大业带来了极其严重的负面效应。孝宗两次计划北伐时，都分别任命主战派和主和派为左、右二相，导致宰臣间产生巨大分歧，主和派屡屡破坏主战派的部署，束缚了主战派的手脚，严重影响了北伐进程。除了宰臣内部的互相牵制，孝宗还重用自己登基前的部下来制约大臣。这些旧部往往倚仗自己东宫旧臣的身份作威作福，导致朝政混乱。

宋孝宗一生笃行孝道，侍奉高宗如同侍奉亲生父亲一般。宋人在回顾孝宗的中兴之业时总结说，恢复中原之所以不成功，不仅是因为当时缺乏主战派人才，国贫兵弱，也因为孝宗不愿违背高宗的意愿，被束缚了手脚。然而，这样一位孝子，却没有从亲生儿子那里享受到应有的天伦之乐。孝宗的继承人光宗患有精神疾病，对父亲怀有猜忌之心。孝宗禅位给他后，他一直拒绝与孝宗见面。绍熙五年（公元1194年），孝宗病重，自觉不久于人世，想在离世前见儿子最后一面，但光宗仍旧无动于衷。孝宗最终抑郁而亡，享年68岁。

# 宋蒙之战与南宋灭亡

文：游彪

## 蒙古兴起与宋蒙对峙

"蒙古"族称具有悠久的历史，意为"永恒之火"。公元1206年，铁木真统一蒙古各部后，在斡难河（今鄂嫩河）源头举行"忽里勒台"，也就是大型的集会。铁木真被推举为蒙古大汗，称号为"成吉思汗"，宣布建立大蒙古国。公元1211年，蒙古与金朝之间爆发了关乎生死存亡的全面战争。蒙古军遭遇到金朝军民的顽强抵抗，于是试图利用宋金之间的世仇关系拉拢南宋一同出兵灭金。宋理宗绍定六年（公元1233年），南宋决定派名将孟珙领兵与蒙古联合攻打金朝。端平元年（公元1234年），宋、蒙古合力攻破金朝最后的"都城"蔡州（今河南汝南），金哀宗完颜守绪自尽，金朝灭亡。

金朝灭亡之后，蒙古军队向北撤退，河南地区暂时无人占领。宋理宗听取了部分南宋官员的建议，命令将领赵葵、全子才率领宋军北上，收复包括东京开封府（今河南开封）、西京河南府（今河南洛阳）和南京应天府（今河南商丘）在内的河南地区。但宋军出兵十分仓促，不但缺乏充足的后勤保障，而且将领和士兵都完全没有做好与敌作战的心理准备。后来，前往收复洛阳的宋军遭到蒙古军伏击，几乎全军覆没，赵葵和全子才不得不下令撤军。这场被称作"端平入洛"的军事行动宣告失败。

《史集》描绘的成吉思汗登基大典

"端平入洛"的失败为蒙古入侵南宋提供了绝好的借口。端平二年（公元1235年），蒙古大汗窝阔台指责南宋违背了双方之前订立的盟约，下令出兵攻宋。蒙古军兵分三路，东路军主攻江淮地区，西路军从甘肃出兵进攻四川，中路军则进攻襄樊。蒙古大军号称有百万之众，试图一举灭亡南宋。但南宋军民在孟珙、余玠等优秀将领的指挥下顽强抵抗，蒙古军始终没有取得决定性的胜利。至公元1241年，蒙古大汗窝阔台病逝，蒙古军最终撤退。第一次宋蒙战争最终以蒙古的失败而告终。

窝阔台去世之后，为了争夺汗位，蒙古上层贵族展开了激烈的斗争。蒙古内部的汗位之争极大地削弱了其进攻南宋的势力，直到宋理宗淳祐十一年（公元1251年），成吉思汗的孙子蒙哥成为大汗之后，蒙古才重新开始筹备攻宋的计划。

蒙哥曾参与过拔都等人率领的远征欧洲的军事行动，以骁勇善战著称。蒙哥吸取蒙古军第一次攻宋失败的教训，采纳了其弟忽必烈的建议，避开长江天堑，从甘肃出兵，经川西绕道吐蕃，于公元1254年灭亡了位于云南一带的大理国，从军事上形成了多面夹击南宋的态势。宋理宗宝祐六年（公元1258年），蒙哥再次发动大规模的灭宋战争。蒙古大军兵分三路，北路军由忽必烈率领，进攻鄂州（今湖北武昌）与淮河下游地区；南路军由名将兀良合台率领，自云南出兵攻打广西；蒙哥则亲自指挥中路军进攻四川，试图在攻克四川后顺长江东下，直捣南宋都城临安。

蒙古军进攻四川起初进展非常顺利，宋军节节败退。蒙古军沿嘉陵江南下，逼近合州（今重庆合川），企图一举攻占重庆，却在合州的钓鱼城遭遇到南宋守军的坚决抵抗。钓鱼城依山而建，三面环水，地势极为险要，加之彭大雅、孟珙、余玠等南宋官员多次派人修筑城防，极大地完善了进攻和防御设施，最终将其建成了一座易守难攻、兵精粮足

通向合川钓鱼城城门的石梯小道

的坚固堡垒。蒙古军围攻钓鱼城长达半年之久，其攻势屡次被宋军瓦解。宋理宗开庆元年（公元1259年）六月，蒙古军前锋大将汪德臣在钓鱼城下被宋军发射的飞石击中，最终伤重去世，加之当地气候酷热难耐，暑热、疟疾、霍乱等疾病在蒙古军中流行，极大地削弱了蒙古军的士气和战斗力。战事的进展缓慢与大将的阵亡使蒙哥心急如焚，他于六月染上了疾病。七月，蒙古军自钓鱼城撤退，不久之后，蒙哥病重去世。

蒙哥去世之后，进攻四川的蒙古军护送着他的灵柩向北撤退。忽必烈和兀良合台在得知蒙哥大汗去世的消息之后，都撤军北返。至此，进攻南宋的三路蒙古军全部撤退，宋蒙第二次战争结束，南宋政权因此得以延续下去。

## 宋蒙交战的转折点：襄樊之战

蒙哥大汗死后，他的两个弟弟忽必烈和阿里不哥为了争夺汗位，展开了长达四年的内部争斗。蒙古国内局势一度陷入混乱，暂时停止了进攻南宋的行动。公元1264年，阿里不哥向忽必烈投降。忽必烈在稳定了其汗位和内部局势之后，开始着手策划新一轮攻灭南宋的行动。

襄樊之战是蒙古统治者消灭南宋、统一中国过程中的一次重要战役。襄阳和樊城两座城池分别位于汉江南北两侧，相互依存，地势十分险要，自古以来便是兵家必争之地。襄樊所在的南阳盆地南端，更是南北交通的咽喉要地。南宋时期，襄樊成为南宋抵御蒙古入侵的边防重镇。宋度宗咸淳三年（公元1267年），南宋降将刘整向忽必烈进献攻灭南宋的策略。刘整认为，南宋的防御重心在襄樊，一旦攻克襄樊，蒙古军便可以长驱直入，轻而易举地灭亡南宋。忽必烈采纳了刘整的建议，命刘整与蒙古军将领阿朮（zhú）率军围困襄阳和樊城，长达五六年之久的襄樊之战拉开了帷幕。

宋度宗咸淳四年（公元1268年），蒙古军将领阿朮与刘整在襄樊东南和东北方向分别修筑了鹿门堡、白河城两座堡垒，这就切断了宋军从陆上救援襄樊的路线。南宋襄阳守将吕文焕多次率军主动出击，试图突破蒙古军的围困，但都未能成功。咸淳五年（公元1269年），忽必烈派丞相史天泽亲自坐镇襄阳前线督战。蒙古军继续在襄阳、樊城四周修缮包围网，同时建造战船、训练水军，严密地封锁了通往襄樊的水陆交通要道。

南宋政府曾多次调兵遣将，试图解除襄阳之围，扭转万分危急的战局。咸淳六年（公元1270年）年初，南宋先后派遣了李庭芝、范文虎、张世杰、夏贵等将领率军救援襄樊。宋蒙双方在襄樊外围展开了长达三年的拉锯战，前来救援的南宋军队组织了多次增援行动，却始终无法突破蒙古军的防线。襄樊城中的南宋守军也进行了多次反包围突击战，但都未能奏效。随着时间的推移，宋军始终无法解除蒙古军对襄阳的围困，其后果是不言而喻的。

咸淳七年（公元1271年）十一月，忽必烈改国号为"大元"。咸淳八年（公元1272年），忽必烈发布诏书，准备彻底消灭南宋，元军开始加紧进攻襄樊。这年春天，元军率先攻打樊城，并很快攻破了樊城外城，宋军只好退至内城坚守。在此之后，宋将张顺、张贵率领一支3000余人的民兵部队和100余船军用物资突破元军重围进入襄阳，这次成功的救援行动极大地鼓舞了襄阳城中南宋军民的斗志。为了完全切断南宋援助襄阳的交通线路，元军在咸淳九年（公元1273年）年初对樊城发起总攻，分别从东北、西南方向进攻樊城。忽必烈派遣回族工匠赶赴前线，制造一种被称为"回回炮"的巨型攻城武器。元军烧毁了连接樊城与襄阳的江上浮桥，使驻守襄阳的宋军无法救援樊城。此后，刘整率战舰从汉水下游逆流而上逼近樊城，并用回回炮轰开了樊城内城西南角的城墙，元军得以攻入樊城内城。南宋守将牛富领兵与元军进行巷战，但因寡不敌众，牛富战败自焚，樊城终于陷落。

樊城失陷以后，襄阳形势更加危急。吕文焕多次派人向南宋朝廷请求援军，但始终没有得到回应。咸淳九年二月，阿里海牙从樊城出兵攻打襄阳，此时的襄阳城已人心涣散，许多将领、军民出城投降。元军在攻打襄阳的同时，还积极劝降襄阳守将吕文焕。吕文焕在元军的劝诱下，也感到大势已去，于是向元军投降，襄樊之战宣告结束。

襄樊之战不仅使元军打开了长江中游门户，彻底摧毁了南宋在江淮地区构建的军事防御体系，更极大地打击了南宋军队和文武臣僚抗击元军的信心。此役之后，面对元军的迅猛攻势，南宋朝廷几乎再也没能组织起有效的防御。南宋政权终于不可避免地走向了灭亡。

## 权臣贾似道

南宋政权最后走向灭亡，是内忧外患共同作用的结果。外患当然是蒙古的崛起，南宋军队与横扫欧亚大陆的蒙古铁骑相比，存在着明显的劣势。但即便如此，南宋军民还是通过自身的努力创造出了辉煌的战果。南宋政权也曾有过维持偏安局面的机会，但由于南宋后期政局混乱，尤其是权相贾似道大权独揽，导致军心、民心涣散，严重削弱了南宋抵御蒙古的力量。

贾似道，字师宪，台州天台（今浙江台州天台县）人，其父亲贾涉是一位活跃在抗金战场上的名将。贾似道年轻时因为姐姐受到宋理宗宠爱而得以迅速升迁，并展现出一定的军事才能。开庆元年，贾似道被任命为右丞相，率军在鄂州与忽必烈激战，最终化解了忽必烈南侵的攻势。在鄂州之战后，贾似道的声誉上升到一个新的高度，他也由此获得了宋理宗的赏识。

在担任丞相之初，贾似道曾采取措施抑制外戚，打击宦官势力，受到了朝野上下的一致赞赏。但贾似道权力欲极强，他最在意的始终是排斥异己，巩固自己的政治地位。左丞相吴潜因反对立忠王赵禥（qí）为太子而引起宋理宗的不满，贾似道抓住这一机会，诬告吴潜心怀不轨，迫使理宗将吴潜贬逐出朝廷。贾似道又将自己的政敌统统指为吴潜的"党羽"，坚决予以打击。此外，他还推行"打算法"，以清点核算军费支出为名，捏造罪状打压与自己政见不合的军队将领。打算法的实行直接导致了南宋将领刘整叛降蒙古，严重挫伤了军队的士气，削弱了南宋军队的战斗力。

贾似道在掌握了朝政之后，过上了醉生梦死的腐朽生活。他在西湖旁修建亭台楼阁，广纳妻妾，纵情享乐。贾似道最为人诟病的爱好是斗蟋蟀，被人戏称为"蟋蟀宰相"。即使是在元军围困襄阳，军情万分紧急之际，贾似道依然只顾玩蟋蟀。他甚至写出了一部专门研究蟋蟀的著作《促织经》，可见其对蟋蟀的兴趣已经达到了痴迷的程度。

贾似道为了缓解南宋政府的财政困难，推行了"公田法"，并采取了滥发纸币等措施。这些措施虽然暂时取得了一些成效，但在实施的过程中逐渐演化为政府对百姓财产的巧取豪夺。这些政策的推行，大大加重了人民的负担，极大地破坏了南宋的社会经济秩序。总而言之，贾似道虽然有较强的个人能力，但他在当权期间排除异己、纵情享乐，致使朝政日益腐败，南宋的内外形势因此不断恶化。

## 崖山之战

襄樊之战后，国力衰退的南宋政府再也无力抵挡元军的猛烈攻势。咸淳十年（公元1274年），元军沿长江东下，其兵锋所到之处，南宋将领或望风而降，或弃城而逃，元军几乎没有遭遇到富有成效的抵抗。宋恭帝德祐二年（公元1276年），元军兵临临安城下，走投无路的南宋谢太后只能带着六岁的宋恭帝向元军统帅伯颜献城投降。

在临安陷落之前，谢太后已经预料到将要发生的事情，于是提前做好了准备，派人护送宋恭帝的兄弟赵昰、赵昺逃离临安，前往福州（今福建福州）避难。德祐二年五月，赵昰在福州被拥立为帝，是为宋端宗。端宗即位后，任用陈宜中、张世杰、陆秀夫和文天祥等大臣，在福建、江西和广东等地继续坚持抵抗元军。但是，在国难当头之际，端宗小朝廷中的大臣们不仅不能团结一致、共御外敌，反而矛盾重重、互相攻击。文天祥因与陈宜中意见不合，被排挤出朝廷；陆秀夫也因指责陈宜中缺乏战略规划，处处受到陈宜中的打压。端宗小朝廷的分裂给了元军可乘之机，元军统帅伯颜下令追击端宗赵昰和其弟赵昺，小朝廷在元军的追击下只能仓皇逃跑。

在此期间，转战于江西、福

贾似道《促织经》书影

建各地抗元的文天祥也战败被俘。景炎三年（公元1278年），年仅10岁的宋端宗经受不住长期的颠沛流离，因病去世，流亡海上的南宋小朝廷因此遭到沉重打击。陆秀夫在此时挺身而出，大义凛然地说道："端宗虽然驾崩，但卫王还在。当年，夏王少康能够凭借区区500人马和方圆10里之地复兴夏朝，难道我们这些文武百官不能依靠数十万军民、万顷碧海复兴大宋王朝300年的基业吗？"在陆秀夫重振大宋王朝精神的激励下，朝野上下群情激愤，纷纷表示愿以死相拼，复兴大宋王朝。于是，陆秀夫等人拥立卫王赵昺继承帝位，改年号为祥兴。在此之后，陆秀夫和张世杰护卫赵昺逃到厓山，在当地设置扼守据点，准备继续抗元。

厓山位于今广东新会南部的一个海湾中，周围密布着许多岛屿。厓山与奇石山相对，如两扇大门，周围海潮湍急，难以行船，是一处天然的海上堡垒。南宋朝廷的船队抵达厓山后，张世杰、陆秀夫立即派人建造住房，以供君臣将校栖身，同时下令随军的工匠修造舰船、制造兵器，为即将到来的战斗做好准备。

忽必烈得知南宋小朝廷在厓山重整旗鼓的消息后，立即派张弘范率领水陆大军进攻厓山。元军将厓山团团围困后，张世杰为了表现自己抗元的决心，拒绝了属下突围的建议，决定坚守到底。他下令用粗大的绳索将所有战船连接在一起，在海湾内排成一字长蛇阵，并将皇帝赵昺的"龙舟"安置在船队正中，以激励将士抗敌。

张弘范针对宋军战船相连、行动不便的弱点，派出满载柴草、油脂的小船，试图用火攻的计谋焚烧宋军船只，希望速战速决。但张世杰熟读古代兵书，知晓自己这种布阵容易被火烧连营，因此早已做好了准备。他命令宋军在船只表面涂抹浸了海水的泥土，同时在船上固定伸向前方的长木头，使元军准备放火的小船无法接近宋军船只。张弘范火攻之计失败，于是改变策略，从北面和南面侧翼切断了宋军的退路，并增派水军围困厓山的出海口，与宋军进行消耗战。宋军被围10余日后，几乎断绝了粮草、水源，士兵疲惫不堪，纷纷病倒。张弘范看准时机，于祥兴二年（公元1279年）二月命令元军发动总攻。

宋军筋疲力尽，士气低落，在元军的突然进攻下很快溃败。张世杰深知大势已去，只能搭乘轻便小船突出重围。陆秀夫陪同小皇帝赵昺留在龙舟上，他观察战况，知道自己已经无法护卫幼帝逃走，于是当机立断，决心以身殉国。陆秀夫穿上朝服，手执利剑，先是催促自己的结发妻子跳海自尽，继而又劝说小皇帝赵昺。他说："国事至今一败涂地，陛下当为国而死，一定不能重蹈德祐皇帝（宋恭帝）的覆辙。德祐皇帝远在大都（今北京），受尽了欺凌，陛下不可再受他人凌辱。"说罢，他背起8岁的赵昺，又用白色的绸带将皇帝与自己紧紧捆在一起，然后走向船舷，纵身跳进了茫茫大海。据说在这场战役中，共有10多万随行的官员、军民相继跳海殉国。南宋政权最终以这样一种极为悲壮的方式，宣告了自己的覆灭。

陆秀夫像，出自清代顾沅辑录《古圣贤像传略》

# 防弊之政：宋代的"祖宗之法"

文：邓小南

宋代的"祖宗之法"，就是宋代防范弊端的一些基本政策原则。

赵宋王朝建立于五代之后，虽然我们经常唐宋并提，但实际上宋代和唐代并不是紧紧相连的。唐代在公元907年就结束了，宋代在公元960年才开始，所以两者之间相距53年。在这53年里，中原地区先后出现了5个王朝，即我们通常所说的梁、唐、晋、汉、周。这5个王朝一共才维持了53年，而前前后后出现了14位皇帝，我们大致算一下，就知道平均每位皇帝在位多长时间。

这些前代的帝王，也就是五代的君主，有不少都是禁军统帅出身。禁军就是当时朝廷直接指挥的精锐部队，这些精锐部队的统帅直接掌握着军权，所以他们就有可能跟君主叫板。这些政权的更代在当时非常频繁,可以说是走马灯式的一种局面。在公元960年的时候,禁军统帅赵匡胤通过陈桥兵变"黄袍加身"。这个故事众所周知,赵匡胤摇身一变,从一个禁军统帅变成了宋代的开国君主。人们现在谈及赵匡胤,似乎有一种钦佩感,认为他开创了大宋王朝,实际上如果我们回到当时的环境里,会看到官员、民庶没有什么理由相信这个新上来的禁军统帅能维持他的政权。在当时的人们看来,这很可能就是第六个短命王朝又开始了;前面的14个君主走马灯一样地下去了,又来了第15个。

## 防弊之政:事为之防,曲为之制

因此,对赵匡胤来说,当时最突出、最严峻的挑战就是如何能把他所建立的王朝稳定下来。后来有些人就追溯当时宋太祖所采取的各方面的举措,也有人在那个时候的档案里看到了宋太祖跟他的臣僚、跟他的心腹智囊来往的一些书信。其中有一封宋太祖写给赵普(赵普是宋太祖的左膀右臂)的信,其中写道,我们这些人平定了祸乱,让天下归到我们手里,我们所创建的这些法度,子孙应该世世代代谨守不失。如果子

宋太祖赵匡胤像

孙能够世代谨守，那么我们这个王朝存在百世，都是有可能的。可以看到，赵匡胤对他所创建的这些法度是非常重视的。

赵匡胤做了差不多17年皇帝，就突然去世了。他的去世是不是正常死亡，后世很难知道。他去世以后，他的二弟赵光义继承了皇位，而不是他的儿子。虽然赵匡胤的两个儿子当时都已经成年了，但是都没能继承皇位，所以赵光义上台到底是正常的还是不正常的，这个问题一直众说纷纭。现在我们姑且不讨论这个问题，而将视角转向北宋的第二代皇帝赵光义，来看看他所执行的基本政策，或者说他对其兄长所执行的政策有一些什么样的理解和继承。每个皇帝登基的时候，都会发布所谓的"即位诏"，其实就是一份告全国军民书，用来安定军心、民心。当时宋太宗也有这样一份即位诏，在即位诏里，他有这样两句话，先是说"先皇帝创业垂二十年"，就是说他哥哥在位将近20年的时间；随后他把他哥哥将近20年的所有举措概括成8个字，就是"事为之防，曲为之制"。"事为之防"，就是所有的事情都要预先进行防范；"曲为之制"，就是凡事都要周全地进行制约。这8个字，可以说就是防微杜渐的一整套制度措施。

在归纳了他哥哥的这些作为之后，宋太宗就此表态，他说现在"纪律已定"，所有的规矩都定下来了，"物有其常"，所有的事物都在正常运转了，他"谨当遵承，不敢逾越"，就是他要继承这样一套做法，

宋太宗赵光义像

把他哥哥没有完成的事业继续推进下去。这套做法，即"事为之防，曲为之制"这样一种防微杜渐的精神，实际上是来自赵宋王朝对五代以来纷纷攘攘的动荡局面，即前车之鉴的一种警惕和防范。这套做法，就被归纳成宋代的"祖宗之法"，因为它是祖宗留下来的一些基本法度和基本政策原则。南宋的第二任皇帝宋孝宗曾经非常明确地说"祖宗法度乃是家法"，是赵宋王朝世世代代奉行不辍的一套基本原则。

## 相对"开明"的王朝

这样一套基本原则，在宋代历史上始终发挥着影响力。宋朝当然是一个帝制王朝，帝制王朝原则上都是专制的王朝，说不上有什么真正的自由、民主。但即便都是专制的王朝，彼此之间也会有明显的不同。宋代的朝政，历史学家通常都认为称得上中国历代王朝中最为开明的。

沈括是我们非常熟悉的一位大科学家，但是沈括的文字记录不仅仅限于科学技术方面，他也讲到了当时政治上、文化上的一些事情，记载了很多非常珍贵的材料。比如，沈括曾经记载了这样一件事情，说宋太祖曾经问赵普："你说天底下什么东西最大？"赵普想来想去，不知道怎么回答这个问题。皇帝一直催问，于是他急中生智，说了四个字："道理最大。"据说宋太祖非常赞赏。当时究竟有没有发生这件事情，这两个人之间是不是有这么一段对话，我们很难确认。沈括是我们目前所见的最早提到这件事情的史家，而他记载这件事情的时候，距离宋太祖的年代已经有近百年了。所以，我们不能确认宋

清宫殿藏本赵普像

初的时候是否有这段对话,但至少可以确认的是,当时的宋人认为应该是有这段对话的。在宋人的一些记载里,包括给皇帝的章奏里,都会引用这样一种说法。也就是说,当时的人们都认同"道理"是最大的。

后世也有许多传言,说宋太祖当皇帝以后刻了一块誓碑,碑上有几条条文,里面说到不杀大臣,不杀进言的人。所谓进言的人,就是给皇帝提意见的人。不管这些人提的建议或意见多么逆耳,都不能杀。据说刻了誓碑以后,把碑藏在太庙里面。对于这件事情,我个人并不相信。但这个说法反映的是宋代可能有这样一种规矩——尽管是不成文的。我们从宋代的史实中看到,宋代并不是没有杀过大臣,也有一些大臣在政治不正常的情况下被冤枉,最终被迫害致死,这样的情况在宋代历史上也并不是罕见的。但是,从总体上来讲,宋代确实很少诛杀提意见的人。有些人提出了对朝廷来说非常尖锐的意见,有些人也在当时受到了不同程度的处分,但是大体而言,言官因为进言而被杀的情况是很少的。所以,很多人都说宋代相对来说言路比较开放,政治比较开明。陈寅恪先生也曾经说,宋代思想是比较自由的,文章相对来说也臻于上乘。宋代有很多好的文章、作品出现。

## 立纪纲，召和气

宋代这种相对开明的政策，是落实在具体的抓手上的。所谓"抓手"，我们或许可以把它概括成两端，即立纪纲和召和气。所谓"纪纲"，在宋代也被称为"纲纪"，就是制度的意思，立纪纲就是建立制度。"和气"是什么意思呢？按照宋人的理解，天地之间运行着阴阳二气，阴阳二气的运行如果是自然谐调的，没有受到很多人为的干预，那么就能够感召和谐之气。

宋代的很多材料都表明，当时的人们把"纪纲"和"和气"相提并论。他们讲到纪纲的时候，和法制联系在一起讲；讲到和气的时候，就和道德仁义、国家的仁政联系在一起讲。纪纲、和气这两端，就像一辆车的两个车轴一样，两个车轴共同转动，使得当时的政治能在一种比较平和的状态下得到发展。

提到立纪纲，从太祖朝的情况来看，最主要的或者说首先面对的挑战就是如何能够集中军政的权力。五代的教训就摆在太祖眼前，而五代的动乱很多都是缘于禁军高层，也就是精锐部队的高层。所以，从太祖的角度来讲，禁军就是一种腹心之患，是他没有办法忘记的一种严重威胁。

我们经常会讲到一个故事，就是"杯酒释兵权"。这个故事是说宋太祖上台一年之后，召集他当年在禁军中的一些平起平坐的同事，或者说他当年的朋友来喝酒。在大家酒酣耳热的时候，宋太祖说，你们不知道，这个皇帝确实不好做啊！周围的这些禁军统帅说，皇帝有什么不好做的，大家都不会有二心了。宋太祖说，你们虽然没有二心，但如果你们手下的人把黄袍披到你们身上，你们不想做皇帝也不行。听了宋太祖这样一番话，这些禁军统帅心里都非常明白，太祖实际上是怀疑他们也可能效法他发动兵变，采取"黄袍加身"这样的军事行动。所以，这些人一下子就被吓醒了，他们当即表态，不管怎么样，陛下都要给我们指明一条可生之途。因为在五代的时候，君主如果怀疑哪个禁军统帅，不需要任何理由就可以把这个人处置掉。看到这些人酒醒了之后，宋太祖就对他们说，人生其实是很短的，你们这一辈子不过是想多攒一些钱，让子孙世世代代都过上富贵的日子，那你们现在何必在这儿辛辛苦苦地掌握兵权呢，不如把兵权交出来，然后选择如意的地方去安置家业，将来我和你们约为亲家，这样咱们君臣之间两无猜疑、上下相安，不是很好吗？这些禁军统帅听了太祖这番话，不接受也得接受。因此，宋代的材料里记载，这件事情之后，这些禁军统帅先后就把兵权交出来了。

有一些学者说，所谓"杯酒释兵权"，历史上可能并没有这么一件事，大概是后人编出来的。有关这件事的最早记载，出现在司马光的《涑水记闻》里。不管这件事从细节来说是不是真实，比如当时召来喝酒的是哪几个人，是哪一天来喝酒的，我们都能从宋代的材料里看到当时的几位禁军统帅，比如石守信、高怀德、王审琦、张令铎，这些人是在同一天"称疾请罢"，就是他们在同一天说自己身体抱恙，要把禁军的权力交出来，准备到地方去休养。这样的情况肯定不是偶然的，在看似波澜不惊的表象下，一定曾有紧锣密鼓的操作。

所以，"杯酒释兵权"这件事，其实就是以和平手段迫使禁军将领交出兵权，在当时是有它的真实性的。这样一种非残暴的处理方式，也有益于感召和气。

解决了禁军的权力问题之后，宋太祖还解决了地方上的藩镇（实际上就是一些大军区）问题，包括把这些大军区所掌握的政权都收归中央，把他们掌握的财权也控制住，并且把他们相对来说比较精锐的部队收入中央禁军。这样就完成了对地方上的这些军事力量，也就是原本半独立的藩镇的控制。

## 对宋代"祖宗之法"的认识

从严格意义上来说，宋代的"祖宗之法"其实是一系列做法和说法的综合体。到了北宋中期以后，人们经常回顾历史，去思考五代的时候那么纷乱、那么动荡，为什么到了本朝就能够安定下来呢？他们认为从持续动乱转变到一个相对稳定的局面，肯定是有一些重大举措起了作用。他们都以非常大的成就感回望过去。在此情况下，他们提炼出很多他们认为值得继承的祖宗的做法，就是所谓的"祖宗法度"。

宋代的祖宗之法，就内容而言，并不是明确制定的，也不是一成不变的，不是说宋太祖、宋太宗那个时候制定了一套法度，后面的人就沿袭不变，而是随着宋代的历史进程不断增加一些内容，也有一些内容逐渐被取消。所以，宋代的祖宗之法并不是一套固定的书面成文法，我们数不出任何条款，但是它对当时的政治，对当时整个社会的文化趋向确实起着一种指导性的、核心的作用。

对祖宗之法的认识，对它的诠释和阐发，在历史上是做过"加法""减法"的。祖宗之法不是一套明确的成文法，它实际上是依赖于不同人的理解和阐释的。这样一种理解和阐释，既有不断的叠加，也有很多的涂抹。也就是说，有一些内容被放大了，被凸显出来了；有一些内容被模糊了，被遮蔽了。所以，在讨论宋代的问题，特别是在讨论祖宗之法这样一些根本性问题的时候，我们要尤其注意宋代的

"本朝史观",即当代人对当代事的看法。当代人看当代事有它的好处,因为很多材料可能都是一手的、原始的,但是当代人看当代事也有其敏感之处。所以,我们今天在观察宋代的历史事实的时候,要把当时的说法和当时的做法对照起来看,而不能轻易地相信当时所有对祖宗之法的历史阐释。

### 积极影响

论及祖宗之法和宋代的政治,我们要意识到,祖宗之法部分解决了或者说它试图解决官僚政治遇到的一些难题。在帝国时代,皇帝具有至高无上的权威,如何对皇帝的这种权威形成某种程度的制约,这是官僚政治在历朝历代所遇到的难题。而宋代君臣共同维系的本朝的祖宗之法,不仅是皇帝的创意,更依存于臣僚的阐释。祖宗之法是一种现世的法度,又被纳入礼制、伦理的体系里,所以它就具有双重的权威。它既是一种法度原则,又蒙上了"祖宗之制"这种礼制、伦理的外衣。祖宗之法本来是由士大夫参与提炼的,经他们提炼之后,以"祖宗留下来的规矩"这种形式出现,因而带有某种意义上的神圣性,对后世的帝王就可能形成某种制约。

### 负面影响

但是,我们也要注意到另一个方面的问题,就是由士大夫参与制定的带有他们积极思考的祖宗之法,反过来又束缚了很多精英人物的头脑,使得宋代的政治呈现出一种因循、求稳的特点。

前面我们说过,宋代的政治相对来说是比较开明的,言路也是比较开放的,但我们不能以绝对的眼光来认识这样一些问题。两宋历史上也有树立君主威权、进行派系整肃的文字狱。较为人所熟知的,包括北宋时期苏轼等人遭遇的"乌台诗案";徽宗时期所谓的"元祐党籍"事件;南宋秦桧当权时期,对当时主张抗金者如岳飞等人的残酷打击;南宋宋宁宗时期,针对道学派的"庆元党禁"……这类事情,都是在"统一道德"这种堂皇口号之下的党同伐异,是对当时在政治上持不同意见的一些精英人物的残酷打击。

对道德的理想主义的追求,本来是人文精神进步的反映,但是要求道德和学术观念"定于一",统一到

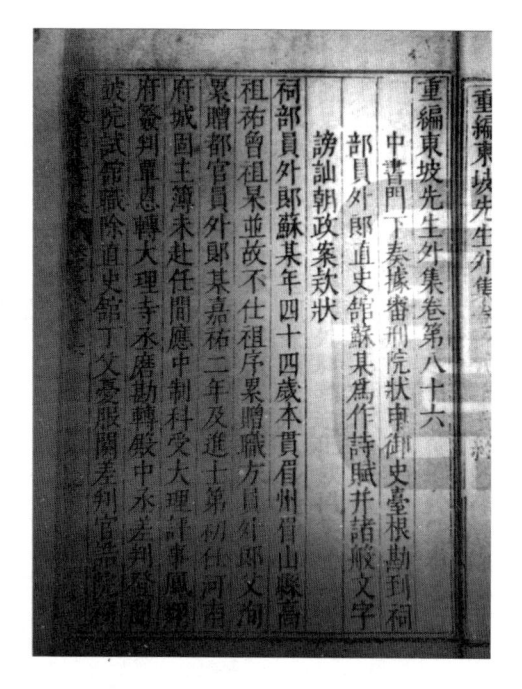

中书门下(宰相衙门)根据审刑院状记录的关于"乌台诗案"的文本,出自明代刻《重编东坡先生外集》第八十六卷

一个层面,这也是当时士大夫共有的认识局限的表现,由此导致了北宋后期士大夫集团内部产生深刻的分裂。如果一个朝廷致力于追求专一,不能有不同的意见,就会不可避免地导致思想上和现实中的专制倾向。

对于祖宗之法,宋代历史上就有很多反思。朱熹曾经说,北宋的灭亡其实与开国以来把藩镇的权力都收归中央有关。兵权也收了,财权也收了,所有权力都收到中央以后,地方就越来越弱了。靖康年间,女真的军队从北边打过来的时候,地方无法在第一时间组织起有效的抗击,使得北宋的大厦轰然倒塌。叶适等人也有很多思考,他们

说"有大利必有大害",祖宗之法是带来了国家的相对稳定,但是它对很多事情都强调"事为之防,曲为之制",大事小事都要"禁防纤悉",什么事情都要设防,因此很多有才干的人得不到施展的机会,无论做什么都有规矩限制着。这样一种法度使得人才无法最大限度地发挥他们的能动性,所以带来了宋代历史上的很多问题。

这一节我们讨论的是宋代的祖宗之法。祖宗之法归根结底是防范弊端的一套原则,它给宋朝的稳定带来了一定的积极影响,但同时也造成了宋朝整体政治上的一些严重问题。

# 科举制度：新型士人的出现

文：邓小南

科举制度并不是宋代才有的，它是从隋炀帝大业元年也就是公元605年开始实行的，到公元1905年，也就是清末，在清政府推行新政的过程中被废除。科举制度在中国历史上维持了整整1300年的时间。

我们现在经常把科举考试和高考相提并论，实际上科举考试和高考完全是性质不同的两类考试。高考决定的是考生进入哪一所大学，也就是说高考是教育过程中的一个环节；而科举考试不是这样，参加科举考试的人，受教育过程已经完成了，是要进入官僚队伍的。从某种意义上来讲，可以说科举考试更接近于现在的公务员考试。

## 科举：取士不问家世

中国古代有很多选拔官员的方式，在科举之前有察举，而且察举也是有考试的。那么，科举和察举究竟有什么区别呢？

两者的区别不在于科举是通过考试来选拔官员的，主要在于科举允许这些候选人自由报考，按当时的说法叫作"怀牒自列于州县"。"牒"就是一份文书、一个证明，类似于身份证、户口本，你拿着身份证明就可以到州县去报名参加科举考试。当时科举考试的参加者，一类来自学校，就是地方官办学校里的学生，另一类是自己在家读书的人。

参加察举的人，是要有长官推荐的，察举是一种"他荐"制度；而科举是可以"自荐"的，即自我推荐，自己去报名。这是两者的重要区别。另外，科举是"取士不问家世"，基本不看家世背景。唐代的规定里说，出生在工商之家的人，就是家里是从事"工商末业"的，是不能参加科举考试的，也就是说科举对家世背景是有所限制的。但是到了中唐以后，因为官方没有办法掌握每个人的出身背景，所以有些人可能出自工商之家，但如果在填报材料的时候不强调这个背景，也就进入科举大军的行列了。

到了宋代，这种限制就更加放宽了，所以在南宋的时候，科举鲜明的特点之一就是"取士不问家世"。

## 三级考试

唐代的科举制度已经相当成熟了，到了宋代，又有方方面面的演进。宋代的科举考试基本上是三级考试的制度。第一级是最基础、最基层的,即"乡试"。乡试就是在家乡参加考试,福州人就在福州考,苏州人就在苏州考,所以叫作乡试。乡试是由地方政府主持的,参加乡试的目标是要取一个"解",实际上就是得到一个文状,即通过考试的证明。考生拿到这个解状以后,就可以到首都去,参加第二级考试,也就是中央部门主持的考试。因为从唐代开始,第二级考试是由尚书省主持的,所以叫作"省试"。通过省试以后,就可以去参加第三级考试,即"殿试"。殿试原则上是由皇帝主持的,当然皇帝不会自始至终都坐在那里,但是会出席,特别是在发榜的时候,皇帝经常会参与这种仪式性的活动。现在流传下来的后人描摹的《宋代殿试图》,反映了士子参加殿试答卷的一些情形。

参加乡试是要取解,在取解考试中得到第一名的人,就叫"解元";在省试中得到第一名的人,就叫"省元";在殿试中得到第一名的人,就叫"状元"。每次殿试结束,阅卷完成,名次确定了,就会发榜。宋代发榜的时候,不光那些士子会去看榜,很多人都会去看热闹。有的人是去看自己考没考中,有的人就是去看新进士,觉得新进士一定是风流倜傥的,他们就是去看这样一些风流人物。王安石的一首诗就描绘了这种情形:"却忆金明池上路,红裙争看绿衣郎。"

宋代殿试图

王安石去往发榜地点，路过金明池，看到很多穿红裙子的女子在这里看新进士，这些人年轻英俊，还考中了进士，意气风发。那个时候，科举考试吸引的不仅仅是这些士子，还有很多社会上相关的甚至不相关的人士。因此，有研究者将宋代称为洋溢着"科举文化"的"科举社会"。

## 官员素质的改变

我们大体上对历代的科举取士的名额做了一个统计，从中可以看到，唐代科举基本每年开榜，在唐代289年的时间里，有268次科举考试，总共取士的人数达到了7000余位。如果平均算一下，那么每年取士二三十位。

宋代一般来说是3年开一次榜（前期是每年开榜，后来改为3年，但有时候不能正常开榜），在宋代319年的时间里，有118次科举考试，总共录取的进士有10万多人，平均每年录取的进士有300多位。相比唐代平均每年取士二三十位，元代平均每年取士12位，明代平均每年取士89位，清代平均每年取士100位左右，应该说，宋代科举取士的规模是比较大的。

科举取士的规模比较大，说明什么呢？其实这不仅仅是一个数量的问题。我们知道，通过科举选拔出来的人，能力是比较强的，他们进入官僚队伍后，应该对优化官僚队伍的整体结构、提高官员的素质起到积极的作用。而在我们看到的这样一个科举取士的规模下，比如唐代每年取士二三十位，整个官僚队伍可能有几万人，指望这二三十个人去改变几万人的官僚队伍的素质，几乎不太可能。而在宋代，平均每年取300位以上的进士，而且这些人相对来说晋升的速度比较快，他们在上层官僚里所占的比例比较高，对改变官僚素质的作用就比较明显。

我们可以做一个大体的比较。宋代由科举考试录取的士人，在上层官僚里所占的比例是比较高的。宋代的宰相里，98%以上都是科举出身。而宋代的下层官员，很多还是来自荫补或杂流。比如，父祖做了高官，儿孙就有进入官僚队伍实习的机会，实习年满之后就有可能转为正式的官员，这就叫"荫补"。也就是父亲或祖父像一棵大树一样，大树底下有一片阴凉，儿孙就能够借助这个条件补充到官僚队伍里。另外，下层的官员里，还有一些是所谓的"流外入流"，就是在官府里打杂，做过吏人或者具体的办事员这样的职位，积累到一定的年份，也有可能转成正式的低级官员。总体来看，科举出身的进士在上层官僚里的比例相对较高，而在下层，则是非科举出身的官员的比例较高。

如果我们把唐代宰相的家世背景和宋代宰相的家世背景比较一下，也能看出科举在其中起到的一些作用。据学者统计，唐代有369名宰相，出自98个家族，也就是说他们中的有些人是同一个家族出身的；宋代有134名宰相，出自126个家族，相对来说，不容易靠世代之间的承继来成为当时统治阶层的重要人物。宋代的宰相很多都是通过科举考试，从不同的背景晋升到官僚高层。所以，《宋史》里说，宋代有很多宰相都是"起自孤生"，即本来是孤单无援、流落在社会上的读书人，由于某种机遇参加科举考试，考得不错，进入官僚队伍，最终晋升到宰相的位置。

前面说到，唐代的科举制度已经相当成熟了。相较唐代，宋代的科举制度是处在一个继续完善的过程中，概括来说，可以说科举走向了严密与开放。

## 走向严密与开放

通常而言，一个制度很严密，往往就不够开放；如果比较开放，就不会很严密。但是，宋代的科举制度表明，一个制度自身的严密化反而保证了它更加开放化。这里以两个例子来说明。

### 唐后期杜牧的故事

《唐摭言》这部笔记书里记载了一件事情，说是唐代后期，有一次要举行科举考试了，皇帝指定了考试的主考官，是一个叫崔郾的人。之后就有很多人来找崔郾，推荐自己认识的人或者自己的朋友、学生。其中有一位太学的老师吴武陵也来找崔郾，他拿来他的学生杜牧的一篇文章给崔郾看。我们知道，杜牧后来是唐代著名的诗人。崔郾一看，确实是一篇好文章。这位吴老师就说，既然你也认为是好文章，那

杜牧手迹《张好好诗》局部，张好好，唐朝歌伎

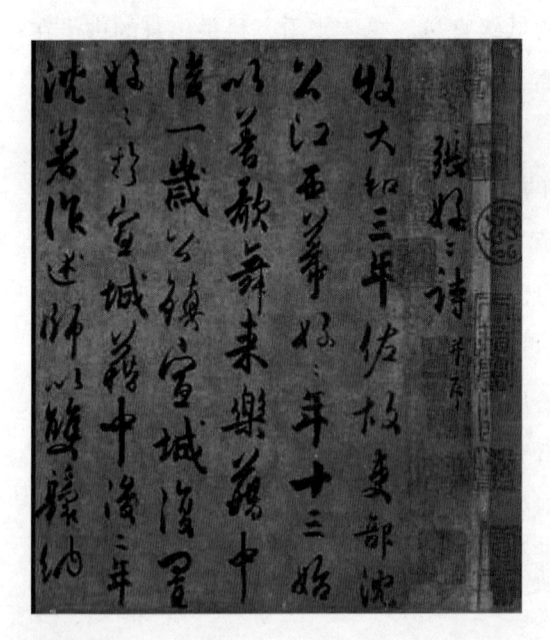

今年你应该让他做状头,"状头"就是状元。还没考呢,这位老师就来推荐学生做状元了。崔郾听了之后很犹豫,对吴武陵说,状元已经答应给别人了。这位老师很不高兴,说那你至少要给他第五名,他写了这么好的文章,如果连第五名都得不了,对他来说就是羞辱。于是崔郾就答应了。吴武陵走了之后,崔郾周围的人问,他来推荐谁啊?崔郾说推荐的是杜牧。有人就说,杜牧不行,杜牧虽然文章写得很好,但是他这个人"不拘细行",就是说道德品质方面有点问题。崔郾说,已经答应吴老师了,杜牧就算是杀猪的、卖酒的,今年也不能改了。最终,杜牧确实是以第五名的身份被录取的。

当然,这种录取方式是不是合适,有待分析。现在我们也会说高考不要走独木桥,中学校长可以实名推荐。我们也可以说,这位吴老师是来实名推荐了自己的一位有文采的学生。但是,如果这种推荐方式没有严格的制度保证,就会削弱科举的公正性和它在一般人心目中的权威性。

唐代后期有一位诗人叫杜荀鹤,他在诗作里就抱怨,自己"空有篇章传海内,更无亲族在朝中"。意思就是说,我的文章写得很好,作品也传播得很广,但是朝廷里没有人认识我,没有人去替我推荐。因此,这种推荐方式如果没有非常严格的规定,没有非常严格的制度保障,就会受到强烈的质疑。

宋代的情况和唐代非常不同。宋代也有与科举相关的诗作,有的诗作说:"惟有糊名公道在,孤寒宜向此中求。"如果朝廷中没有人支持你,而且你也不是腰缠万贯,又希望出人头地,那么你只有一条路能走,就是去参加科举考试。唐代的科举考试,卷子上会写有考生的姓名、籍贯,宋代也一样。但是在唐代,主考官员能够看到考生的姓名、籍贯,所以杜牧的卷子较容易被挑出来。从宋真宗的时候开始，科举考试的卷子是要"糊名"的，也就是卷子交上去之后，监考的官员会把写有名字的部分糊上，然后打上一个千字文的字号，相当于考号，阅卷的考官看不到这是谁的卷子。当然，宋代后来还有"誊录"这类方式，会把卷子重新抄录一遍，免得有人会认识卷子上的笔迹。这样的制度，相对来说走向了严密化。

**宋代李廌的故事**

诗中虽然是这样说，但是在宋代能否实现呢？我们也有一个例子可以讲。苏轼大家都非常熟悉，他有很多追随者，其中有一个叫李廌的，从早年起就跟随苏轼，两人一起读书、讨论文章，相互唱和，所以对彼此的文字风格都非常熟悉。元祐三年（公元1088年），李廌报名参加科举考试，正好这一年苏轼被皇帝指定为主考官。

宋代跟唐代的做法不一样。在唐代，指定了主考官后，比如崔郾还会接待各方的老师朋友；而在宋代，一旦指定了主考官，当天就要进贡院。进了贡院，贡院就锁门了，那时候不像现在有各种各样的沟通手段，那时候"锁院"了，内外就基本上隔绝了。但是当时苏轼觉得没关系，李廌也信心满满，因为苏轼对对方的文章风格是非常熟悉的。然后就出题考试，考生考完之后，考官开始阅卷。在阅卷过程中，苏轼看到一张卷子，感到非常高兴，觉得这一定是李廌的卷子，就把这张卷子放到了第一位。

从这个例子中我们可以看到，宋人也不是没有照顾自己学生的想法。整个阅卷过程完成之后，所有人的前后顺序都排定了。然后就"拆号"，就是把原来糊住的姓名部分打开。拆号一看，主持阅卷的苏轼以及黄庭坚、李公麟等人都"怅然出院"。为什么呢？因为第一名不是李廌，而是章援。章援是谁呢？是章惇的儿子。章惇是王安石变法的左膀右臂，而苏轼基本上是反对王安石变法的，所以等于选择了一个政治上的对立者的儿子，但是这样的排序、这样的录取结果已经不可改变了。这次考试总共录取了520多人，里面并没有李廌，他不仅不是第一名，最后一名也没有他。李廌自然是心灰意冷，当时苏轼送给他一首诗，其中有两句是"青袍白纻五千人，知子无怨亦无德"，意思就是这次有5000多人来参加考试，你当然不会因此感谢我，但是我知道你也不会因此抱怨我。因为这样的制度规定，使得老师很难有照顾学生、朋友的余地。所以，制度的严密化使得科举这个制度向更多的人公平开放。正因为如此，宋代才有一些所谓的"寒俊"崛起，"寒"是指家庭背景比较清寒的人，"俊"就是指当时社会上的才俊之士。

## 新型士人

所谓"新型士人"，新在何处？主要体现在"寒"和"俊"的结合上。我们来看以下几个小故事。

### 宰相吕蒙正的故事

宋代有一位宰相叫吕蒙正，他早年也就是参加科举考试以前，家境比较清寒，无法进学校读书。他和他的朋友温仲舒在洛阳龙门的一个寺院里温习功课，准备参加科举考试。洛阳夏天很热，两个人在傍晚的时候沿着伊水河散步，看到一个卖瓜的人走过来。当年洛阳、开封一带是产瓜的地方（主要是甜瓜、香瓜，不是西瓜），两个人很想买个瓜，但是兜里掏不出几文钱，只能怅然地看着卖瓜人越走越远。

吕蒙正像

不料卖瓜人的担子上掉下来一个瓜,那人并没有发现,还继续往前走。他们两个人就一直盯着那个瓜,看周围没有别人注意,就过去把那个瓜捡起来,擦一擦分着吃了。后来参加科举考试,吕蒙正考了第一名,温仲舒考了第三名。若干年之后,吕蒙正做了宰相,就回到洛阳当初他们捡瓜的地方,买下一小片地,在这里建了一座亭子,亭子的匾额就题为"馇瓜"。建这座亭子的目的,就是不能忘记当年的贫贱,也是激励现在的士子,无论目前情况多么艰难,只要坚持下去,总会有出人头地的那一天。我们从中能看到,宋人的观念跟以前相比,有了明显的不同。以前人们不喜欢提及自己以往贫贱的背景,但是在宋代,人们会刻意地表现出这样一种经历,以示他们是通过自身的努力才晋升到今天的地位的。

**范仲淹的故事**

范仲淹"断齑画粥"是励志故事的典型案例。宋人曾经有这样的记述,说范仲淹碰到他的朋友,回忆起他早年的情况,以前他也曾在一个寺院里读书。范仲淹的父亲在他很小的时候就去世了,他母亲带着他改嫁到山东一户姓朱的人家,所以范仲淹原来以为他是朱家的孩子,甚至参加科举考试的时候,填的名字都是"朱说"。等到他科考成功之后去做官,他母亲才跟他说,他是苏州范家的后人。范仲淹说他当年在寺院里读书的时候,如果顿顿吃干饭,带去的米就不够吃到最后,所以他就熬粥,熬出来的粥冻成一坨,用刀划成几块,每次吃多少都要计算着;家里带来的咸菜也要事先切好,计划着吃。据说他"如此者三年",在这种比较艰难的境况下坚持了三年。这样一批家境比较清寒的人,通过自身努力,在科举考试中有可能崭露头角。

**士以天下为己任**

宋代留下了两部《登科录》,就是把同一年科考成功的人的名字、家世背景等集中在一起,然后刻印出来。两部《登科录》,一部是绍兴十八年(公元1148年)的,也就是朱熹考中进士的那一年;另一部是宝祐四年(公元1256年)的,这一年文天祥是一甲第一名,也就是说他是这一年的状元。据宝祐四年的《登科录》记载,这一年录取的进士一共是601人。有学者进行过统计,这601人里有官僚背景(也就是家里前三代中有人做官,父亲、祖父、曾祖父,只要这三代中有一代有人做官,就算有官僚背景)的有184人,平民出身的有417人。按这种统计来看,三分之一的进士是有官僚背景的,另外三分之二是没有官僚背景的。当然,这种统计不一定全面,中国古代的家族关系是比较密切的,而这种材料只能统计直系的父系三代。比如叔叔是做官的,这里面就不反映;岳父是做官的,里面也不反映。所以,这不是一种非常完全的统计方式,但至少呈现出一种大致的趋向。也就是说,当时能够通过竞争脱颖而出的这些人,其中有不少是来自平民阶层,不是出自官僚仕宦家族。这些人进入官员的行列里,在一定程度上会改善文官队伍的整体素质和整体结构。而官僚家族的一些子弟,如果不努力,就没有世代做官的保障。所以,南宋的时候,陈傅

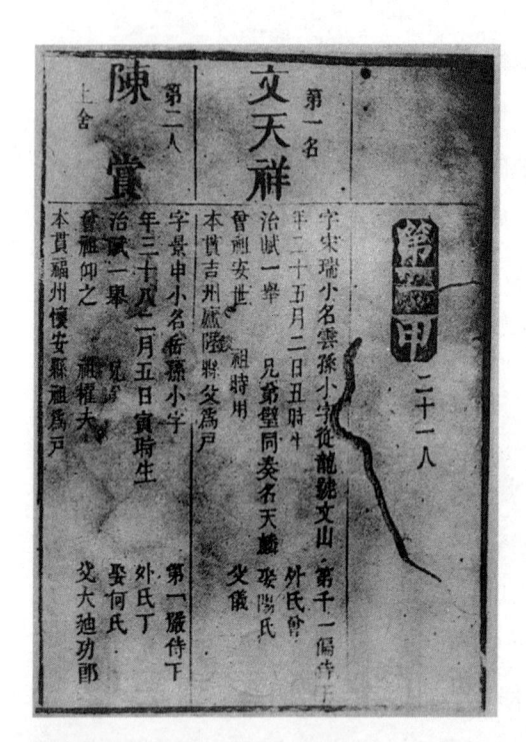

文天祥状元及第榜（清朝翻刻版），出自《南宋群贤小集》

良就说，本朝为什么能够"得人"，为什么有能力、素质比较突出的人物不断地涌现？这跟科举制度是有关系的，因为当时不太重视家世背景，而比较重视个人的才干、个人的能力。

正是在这样的情况下，被选拔出来的青年士子，特别是来自平民阶层的这些人，对"天下"、对"国家"就有一份认同感，有一份责任感。所以，范仲淹讲"先天下之忧而忧，后天下之乐而乐"。"士以天下为己任"，应该说是当时优秀士人共同的精神追求，而不是个别人的理念。那个时候，像张载这样一些人，要"为天地立心，为生民立命，为往圣继绝学，为万世开太平"，这样的"横渠先生四句教"，也体现出士子对天下的一份责任感。我们还看到，在南宋的时候，有比较低层的官员在面对皇帝时，说天下是"中国之天下，祖宗之天下，群臣、万姓、三军之天下，非陛下之天下"。一个低层的监察官员，面对皇帝可以磊落地说天下是群臣、万姓、三军的天下，天下的事情不是陛下一个人就能说了算的。这些都表明，当时通过科举选拔出来的士人，认为自己不仅是文化上、道德上的主体力量，同时也应该是政治上的一种主导力量。

## 小结

科举制度不是一个单纯的考试制度，它发挥着一种无形的统合功能，将文化、社会、经济诸领域和政治权力紧密地联系起来。

科举制度的权威是靠它的公正性来保证的，科举制度确立以后，一直贯穿着"公平"和"择优"这两种矛盾。也正是这样的矛盾，促使科举制度不断地调整改变。科举制度逐渐走向开放，走向严密化，打破了门第背景的限制，重视士人的知识才能，鼓励竞争。这样一种方式相对来说是比较符合公平原则的。

当然，我们也会看到，科举取士的标准比较单一，完全靠考试成绩来选拔人才，不利于全面考察人才的素质、能力。对于科举制度，我们要把它放到历史的脉络里去观察，观察它在中国历史上的演进过程和它在中国历史上产生的积极作用，以及它在后期对青年士子思想产生的束缚作用。

# 文官制度：权力机制与制衡

文：邓小南

## 宋代政治制度史的分期问题

论及宋代政治制度史，经常会涉及分期的问题。宋史学界也有很多学者先后讨论过宋代政治史的分期，提出了不同的分期方式。历史分期的问题主要取决于研究者选择的认识脉络，即不同的观察视角。

有些学者从政治事态发展这个角度来观察，以宋代所面临的挑战、变革为主线。以北宋为例，有些学者会把北宋的历史分成前期、中期、后期三个阶段。前期基本上是太祖、太宗、真宗这三朝，中期是仁宗、英宗这两朝，后期是神宗、哲宗、徽宗、钦宗这四朝。这样的分期方式，其实与北宋时期《国史》的划分方式（前三朝有《三朝国史》，中间两朝有《两朝国史》，后面几朝有《四朝国史》）是吻合的。

也有一些学者在讨论北宋政治的时候，以士大夫政治的发展脉络为主要的观察视角，也就是以士大夫政治面临的形势和任务为主线，那么前期就是从太祖到真宗的这三朝，中期是仁宗、英宗、神宗、哲宗这四朝，后期是徽宗和钦宗两朝。

如果从官僚制度史的主线来看，也就是从宋代官僚制度的演变来看，大体上就分为两个阶段，前期是元丰官制改革之前的那段时期，后期就是元丰官制改革之后的那段时期。南宋时期的官僚制度，基本上延续了北宋中期元丰改制之后形成的局面。

## 中央的官僚制度

### 元丰官制改革之前

我们首先来介绍一下北宋前期的中枢机构。说到北宋前期的中枢机构，我们经常说它是"二府制"。"二府"也称为"两府"，就是指当时在皇帝之下的两个核心权力机构。

皇帝在当时是高高在上的，皇帝之下会有一些官僚机构围绕皇权运转。宋代皇帝会参与"御前会议"，这是当时最高级别的议政决策会议。"御前"就是在皇帝面前，也就是在皇帝面前讨论重要的事情。参加御前会议的有二府，其中一府是宰相的办事机构，在当时叫作"中书门下"，也可以称为政事堂。宰相的办事机构主要是处理民政、行政事务的，当时的宰相全称叫作"同中书门下平章事"，是中书门下的首长，副首长叫作"参知政事"。跟中书门下几乎并列的另外一府，在当时叫作"枢密院"。枢密院是负责军政事务的，枢密院的首长是枢密使，副首长是枢密副使。这二府就是当时的核心权力机构。

在二府的周边，还有一些其他的机构，比如主管财政的三司、负责监察的御史台。这些部门，包括二府、三司、御史台，其长官都由皇帝直接任命，他们也都直接向皇帝负责，所以当时的"二府制"可以说是一种分权基础上的集权。宋代官僚制度的结构，相对来说是比较扁平的，不是金字塔状层级非常多的那种结构。唐代后期以来，官僚制度发生变化，在宋代前期得到了整合，整合为这样一种二府制度。这是元丰改制之前的情况。

所谓"元丰改制"，就是宋神宗时期（元丰三年到元丰五年，也就是公元1080年到公元1082年）一次重要的官僚制度的结构性改革。"元丰"是宋神宗的一个年号，宋神宗有两个年号，前面一个叫熙宁，后面一个叫元丰。

旧拓宋中书劄子又牒中书门下（宁波天一阁博物馆藏）

**元丰官制改革之后**

改革之后，官僚制度从原来的二府体制变成了"三省+枢密院"的体制。"三省+枢密院"体制，是二府体制的一种变体。也就是说，原来的宰相机构中书门下分成了三个部门，就是中书省、门下省和尚书省。这三个部门基本上是效仿《唐六典》里所描述的唐玄宗时期官僚制度的基本模式。也就是说，这个三省制是效仿唐代前期的官僚制度结构而设置的，但是和唐代的制度有一个重大的不同，就是仍然保留了枢密院。原来的二府里，中书门下分成了三省，而枢密院仍然是存在的。这样的结构，到了元丰改制以后，仍然有人称其为二府制，就是因为中书、门下、尚书这三省是由原来的中书门下一府分成的。

这种设置方式的调整，带来了政务运作方式的改变，由原来的中书门下一府分成了三省，在制衡方式上，应该说比以前更加严密了。因为各省都有自己负责的重点事务，而且有自己审核政务的立场，在这样的制度设计下，各个部门会相互制约。正是因为制约层次繁复，一些政务的运转反而不如前期那么高效。因此在元祐年间，也就是宋哲宗的时候，司马光等人就反复建议要有所调整。在南宋初期，因为军政事务非常繁忙，要求政府高效地运作，所以事实上三省后来逐渐合一，也就是回归北宋前期的二府体制。

## 宋代政务文书的运行

在中国古代，很多制度的运行都依赖于政务文书的运行。现在我们要了解中央的政策，会有很多途径，但是在中国古代，几乎只有一个途径，就是通过政令文书。文书的下达，包括书面的下达和地方口头的传达，这都是帝国行政系统的体现。那个时候，地方向中央汇报也是要通过文书的，因此政务文书的上行下达就构成了帝国基本的行政信息网络。这样一个行政信息网络，在当时有很多重要的信息流通渠道。

这些重要渠道从全国的四面八方，从都城里的各个官司通向朝廷，各类信息会汇总到中央，汇总到二府。在二府，一些一般的行政事务得到处理，一些重大的事情就会上报皇帝，在御前会议上得到处理。以往我们会认为皇帝出口就是圣旨，但是实际上，我们在很多材料里看到，宋人说"事无巨细，非经二府者不得施行"。也就是说，不管来自皇帝的命令是什么样的，都要经过二府讨论，然后才能施行。他们还说"凡事必与大臣佥议"，就是要和大臣一起商议，"方为诏敕"。没有经过大臣商议，只是从皇帝那儿发布出来的命令，外廷可以不承认是圣旨，可以不承认是正式的命令。

日本学者平田茂树曾经绘制了一张"宋代行政文书流程图"。在这张流程图里，值得注意的是，他把"言路之官"单独列出来了，当政务文书向上面传递的时候，当这些文书进入二府的时候，一些监察官员就有机会看到这些文书，对于文书里提出的要求、建议，他们第一时间就能够有所了解。对于从皇帝那儿批示下来或者二府批复下来的文书，这些监察官员也有机会提出他们的意见。这就使得监察是一个全过程的监察，而不是说一件事情已经出错之后，才有人来进行监察，进行弹劾。因此，当时的这种制衡，实际上是一种全方位的制衡。

宋代有行政部门，也有监察部门。监察部门一个叫御史台，一个叫谏院。宋代有一种说法，就是把御史台和谏院都称为"言路"，即向皇帝进言的通路。谏院基本上是给皇帝提各种各样的建议，包括对

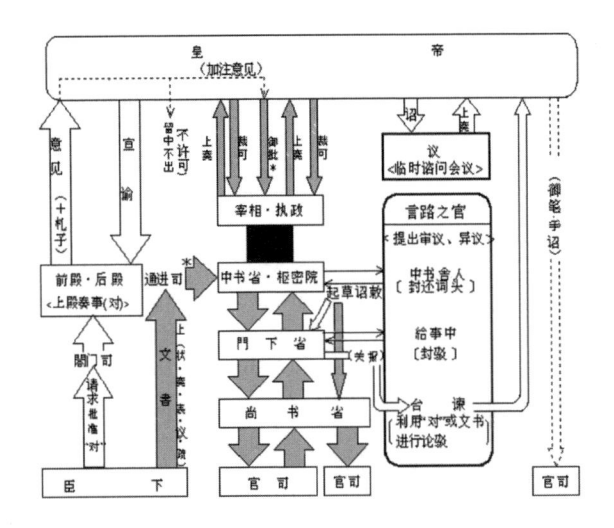

日本学者平田茂树绘制的"宋代行政文书流程图"

皇帝进行各种各样的劝诫。当年欧阳修曾经在谏院任职，他说，谏官的地位虽然很低，但作用几乎可以和宰相等同。欧阳修举例说，天子可能会说某件事"不可"，谏官可能会说"可"；天子可能会说某件事要做，谏官可能会说不行。在庙堂之上，谏官是可以和天子争论是非的。所以在那个时候，皇帝虽然是高高在上的，但是下面的行政体制、监察体制，可以说和皇帝构成了一个三角形。行政系统与监察系统彼此制约，而这两个系统的宰相、监察官员对皇帝那一端也可能是有所制约的。

一方面，当时的机构比如二府、监察机构、三司财政机构，都是直接向皇帝负责的，这些机构之间都是相互制衡的；另一方面，外朝的官员对皇帝的权力也是有所制衡的。

宋仁宗是北宋的第四任皇帝，他当时经常在正常的文书之外批出一些条子。我们知道，历朝历代都有这样的事情，就是皇帝想要绕过宰相的办事机构，因为有些事情不容易通过，皇帝就写一些条子，派人直接送到某个相关的部门，要求那个部门去执行。当时有很多臣僚给宋仁宗提意见，反对他这样做。仁宗当时也表态，说我以后批出来的条子，如果各个部门认为不合适，可以"执奏"，就是退回来，向我报告条子里批的事情不能执行。皇帝这样表态了，那么官员敢不敢把皇帝的条子退回去呢？

仁宗庆历年间，有一个官员叫杜衍。杜衍当时是枢密使，皇帝批的好多条子都送到他这儿来。据史籍里说，杜衍"率寝格不行"，他把这些条子摞在这儿，来一张条子摞在这儿，再来一张又摞在这儿。攒了十几张以后，他把这些条子封在一个口袋里，给皇帝送回去，说这些都不行。这对皇帝来说，当然也不是特别有面子的事情。当时有一次，谏官欧阳修"入对"，跟皇帝私下见面的时候，皇帝就问他："外朝的人知不知道杜衍把这些条子都封在一个口袋里，给我送回来？"皇帝就跟欧阳修解释，其实好多人都到他这儿来求批条子，有的人想让他给自己提个官，有的人想让他给个赏赐，都希望他批张条子，绕过外朝的正常系统。皇帝说："他们来找我的时候，每次我都跟他们说，我给你们写了也没用，到杜衍那儿过不去。所以在我这儿已经阻止住很多了。"皇帝说这话，当然是一种自我解释，但是这也表明，外朝官员的抵制对皇帝的权力确实构成了一种制衡的作用。

以上我们讲的是"中枢"，就是中央核心机构的基本情形，下面我们简单说说地方上的制度。

## 宋代地方机构的设置

北宋的内部疆域分成了很多"路",路可以说是州的上属单位。宋代的路其实是中央派出去的监察机构。宋太祖的时候,把控制的疆域分成了13个道,宋太宗在这个基础上将疆域分成了15个路,到宋徽宗时期最多有24个路,路的划分逐渐细化。宋代大体上有200多个州、1000多个县。

在这样的结构下,地方上有不同层级的机构设置。朝廷派出一些官员分布到各个路,每个路基本上都设有四个部门。四个部门并没有从属关系,而是并列的。这四个部门,第一个是安抚使司,主要负责军政,负责路内部出现盗贼时调集地方军队去处理这类事情,也就是负责地方的稳定。第二个是转运使司,主要负责财政,负责钱谷。第三个是提点刑狱司,负责司法狱讼。第四个是提举常平司,负责常平仓,包括灾荒时期的赈济等事务。这四个司是并列的,当时有一种说法,叫作"帅漕宪仓","帅"指的就是负责军政的安抚使,"漕"就是负责粮草转运的转运使,"宪"就是负责司法事务、刑狱事务的提点刑狱,"仓"就是负责赈恤事务、负责常平仓的提举常平。这四个司里,转运使司、提点刑狱司、提举常平司,除了本司的事务之外,还要负责对整个路地方官员的监察事务,所以这三个司又被称为"监司",就是负责监察的部门。路下面一级的地方政区,叫作"府州军监",实际上就是州级,州相当于现在的地级市,一个州下面会有若干个县。府是比较重要的州;军相当于地位比较低的州;监有一些官方经营的矿冶、养牧等专门机构,相当于一个小的州,有的相当于一个县。府州军监这一级下面就是县,县这个层级是比较稳定的。州这一级的长官叫知州,副长官叫通判;县这一级的长官叫知县,或

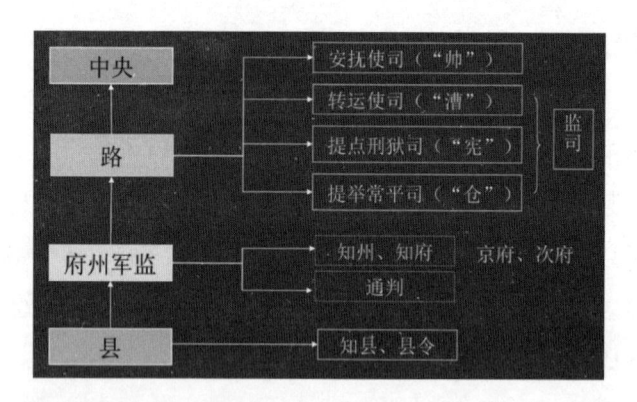

```
中央 ──┬── 安抚使司（"帅"）
路  ──┼── 转运使司（"漕"）  ┐
       ├── 提点刑狱司（"宪"）├ 监司
       └── 提举常平司（"仓"）┘
府州军监 ──┬── 知州、知府    京府、次府
           └── 通判
县 ────── 知县、县令
```

宋代地方机构设置

者县令。这大体上就是宋代地方机构的设置。

这一节我们讲了宋代的权力机制和制衡，首先介绍了中央的官僚制度，包括元丰改制之前和元丰改制之后两个阶段，然后介绍了地方的行政层级和机构设置。应该说，宋代的地方机构也实行了分权基础之上的集权。

# 蒙古的崛起

文：张帆

## 游牧民族的特点

中国古代北方草原上曾经存在过很多游牧民族，蒙古是最后一个。

通常来说，游牧民族有三个特点：第一，生产方式是畜牧加狩猎，基本没有农业。第二，有较强的流动性。非定居，不盖房子，不建城，畜牧业属于游牧。第三，饲养的牲畜主要有马、羊、牛，其中羊是数量最多的，马是最重要的。

古代游牧民族都具有这些特点，但蒙古体现得最突出。理解这些特点对于把握游牧民族王朝的特征很有帮助。

## 早期草原局势及成吉思汗的出身

12世纪后半叶,统治中国北方的是金朝,它从东北崛起以后,一下就扎到了中原,灭掉了北宋,而没有花很多时间和精力来控制、经营北方草原,所以北方草原比较混乱。当时北方草原上大概有十几个部落集团,蒙古只是其中一个二流集团,位于今天蒙古国中心偏东一点的位置。

据史料记载,草原上各部落集团内部的结构非常复杂。拿蒙古来说,它实际上分成两大部分,核心部分叫尼伦蒙古,外围部分叫迭列列斤蒙古。尼伦蒙古又分出好多个部落,部落又分出氏族,氏族又分出家族,结构非常复杂。成吉思汗出自尼伦蒙古的一个核心部落——乞颜部,他的家族叫作乞颜·孛儿只斤氏家族。成吉思汗并不是一个普通牧民,他是一个核心部落重要家族的贵族,这和他后来的创业有很大关系。

成吉思汗,本名叫铁木真,"成吉思汗"是他即位以后草原贵族给他上的一个尊号。"成吉思汗"是什么意思呢?有一些不同的说法,过去认为是海洋或天命之意。成吉思汗的这个家族在蒙古部落集团内部居于核心地位,成吉思汗的曾祖父,还有其祖父的兄弟,都做过蒙古集团的首领。成吉思汗的父亲虽然没有做首领,但也是一个重要的贵族。那时,蒙古集团处于分裂状态,内部不止一个核心部落,大家都要争夺领导权。成吉思汗有五个弟弟和五个儿子,五个弟弟中

成吉思汗像

有三个是同母弟，两个是异母弟；五个儿子中有四个是正妻所生。

## 坎坷的创业经历

大约公元1170年，成吉思汗虚岁九岁的时候，他的父亲突然去世，是被一个敌对部落的人给毒死的。成吉思汗的父亲一死，蒙古集团内的其他贵族就把他们家的依附百姓、奴隶等全都夺走了，他们家一下就陷入破落状态，因此成吉思汗吃了很多苦。与他父亲有竞争关系的一些贵族还想斩草除根，派人来追杀他。所以，成吉思汗虽然出身不低，但他早年的经历是非常坎坷的。

大约公元1179年，成吉思汗刚刚结婚，他的妻子就被一个敌对集团的人给抢走了。那个时候的草原上，抢婚风俗还是很常见的。他只好找人帮忙，想把自己的妻子抢回来。有两个人帮了成吉思汗的忙，一个是当时草原上最大的部落集团克烈部的首领王汗，这个人和成吉思汗的父亲结拜过兄弟。另一个人是蒙古集团内部一个边缘部落的杰出人物，叫札木合，这个人小时候就和成吉思汗结拜为兄弟。在王汗和札木合的帮助下，成吉思汗把妻子抢了回来。如果妻子没有被抢，成吉思汗可能会满足于过稳定的生活，但是通过这次抢婚事件，成吉思汗召回了部分当年的依附人口。从此，他就开始逐步恢复其家族的势力和在部落集团中的地位。

大约公元1189年，成吉思汗被蒙古集团中的一部分人拥戴为汗，这是他创业的起点。要注意，他还不是被整个蒙古集团的人拥戴为首领，只是被其中的一部分人拥戴为首领。这个时候，不要说草原，就连蒙古集团内部也是分裂的，有好几个首领，互相不服。成吉思汗的把兄弟札木合后来也和成吉思汗分道扬镳，因为他们各自有各自的理想，不愿意屈居人下。朋友后来成了对手。

公元1189年以后，成吉思汗花了十几年时间，逐一兼并其他首领，夺取了蒙古集团的领导权，又和草原上的其他部落集团发生战争，包括当年帮过他的王汗。

成吉思汗这支力量一开始依附于克烈部的王汗，但随着时间的推移，他们也产生了一些纠纷和矛盾，互相失去了信任，形成对抗。到公元1203年的时候，成吉思汗消灭了克烈部。这个时候，他已经取得了蒙古集团内部的核心地位，同时又兼并了周围的几个集团，成为草原中部、东部最强大的势力。后来他又往草原西部发展，打败了另一个一流的部落集团乃蛮部。

到公元1206年，成吉思汗完成了草原统一，建立了国家。这个国家可以看作元朝的前身，是以北方草原为中心的草原帝国——大蒙古国。成吉思汗也被大家献上一个尊号"成吉思汗"，后来他就以这个名字见于历史记载。

## 制度建设

大蒙古国虽然是一个草原帝国，但也有一些重要的制度建设，我们在这里简单地介绍一下。

第一，建立了千户、百户授封制度。这种制度就是把草原上已经统一起来的牧民，按照十进制的方式加以编组，最小单位是十户，比较基本的单位是百户，百户上面是千户，千户上面是万户。这种制度是兵民合一的，如果打仗调军队，就以这个体系来调，每家出一个人去打仗，小队就是十户，中队就是百户，大队就是千户，最高的是万户。平时进行畜牧业生产，也是按这个体系征收赋税。

第二，创建了怯薛护卫军。"怯薛"是突厥语，本意是轮流值班，指的是大汗身边的卫队要承担保护大汗的职责。怯薛军是轮流值班的，有白班、有夜班，隔几天一个小队值班，几天下来又换另一个小队。这是一支贵族的武装卫队，这支卫队的重要性在于它不光保护大汗，还为大汗承担很多生活方面的服务工作，甚至还包括国家管理工作。这个时候，国家政权还处于比较原始的状态，最高领导人的生活服务和国家管理，很多事情是混在一起的。

第三，颁布了早期的法律。把原来草原上的风俗习惯加以规范化，形成一个统一的版本。同时设置了法官，来处理部落之间、千户百户之间、牧民之间的纠纷。

第四，创造了蒙古文字。蒙古和当时的其他草原部落本来没有文字，有时借用其他民族的文字。成吉思汗在创建国家前后，委派草原上的知识分子借用当时的回鹘（回鹘是今天维吾尔族的祖先，在八九

《元世祖出猎图》中的怯薛

世纪的时候统治过北方草原）字母拼写蒙古语，创造了蒙古文字。直到今天，中国的蒙古族还在使用这套文字，当然在写法上有一些变化，但基本和成吉思汗时代的蒙古文是一样的。

第五，分封子弟。对于整个草原，成吉思汗采取了一种分割管理的方法，把一部分草原上的百姓分配给他的弟弟和儿子，分别管理。但是，这种分封不是平均分配，而是把一小部分拿出来分封，自己保留大部分进行直接统治。

总之，在公元1206年，成吉思汗建立了大蒙古国。这个草原帝国的制度是比较简单的，和中原王朝复杂的官僚体制无法相比，但它也有一些重要的管理措施，比如建立千户、百户授封制度，创建怯薛护卫军，颁布法律和设置法官，创制本民族的文字，以及分封子弟。这样，这个国家就初具规模，成为草原上一个新兴的强大政权。

### 大蒙古国出现的意义

历史上，北方草原出现过很多游牧民族，像走马灯一样变来变去。但是，自成吉思汗建立大蒙古国开始，就逐渐形成了一个稳定的蒙古族，后来草原上就只有蒙古族了，像过去那样一个民族消失，又出现一个新民族的情况没有再发生了。所以，这对中国古代北方草原来说是一个重大变化，这可能主要归因于成吉思汗建立的千户、百户授封制度。因为他在建立这套制度的时候，把一部分原来的草原部落或氏族拆开了，不允许保留原来部落或氏族的完整系统，而是把他们拆分、重新编组。这一做法推动了作为征服势力的蒙古族或者说蒙古部落对其他部落的消化。后来蒙古统治草原几十年，又正式建立元朝，继续保持了对草原长达100多年的统治。

后来元朝衰落甚至灭亡了，但是蒙古族并没有灭亡，它已经成为一个比较稳定的族群，长期在草原上活动，并且保持对草原的控制。

成吉思汗建立的政权推动了蒙古族的凝聚和形成。所以，今天人们一般认为成吉思汗是蒙古族的缔造者，如果没有成吉思汗，就没有今天的蒙古族。这就是蒙古崛起的一个大概情况。

# 蒙古版图的扩张

文：张帆

## 蒙古国的汗位继承

作为元朝前身的大蒙古国建立以后，发动了一系列对外征服战争，包括对中原地区、中国周边地区，甚至今天的中亚、西亚、欧洲等地区的战争，逐渐成为一个版图非常辽阔的世界帝国。

大蒙古国一共有四位正式统治者，成吉思汗是创建者。成吉思汗去世之后，汗位被他的三子窝阔台继承。窝阔台去世之后，汗位被他的长子贵由继承。贵由去世之后，汗位被成吉思汗四子拖雷的长子蒙哥继承。一开始汗位在窝阔台这个系统传递，但是后来汗位就被成吉思汗四子拖雷的后代夺走了，这中间有一些复杂斗争。因为当时蒙古并没有确立明确的嫡长子继承制度，而是在一定范围内由宗王贵族开会讨论确定继承人选，有一点家族内部民主制的色彩。

蒙哥在公元1251年通过贵族大会夺得了蒙古汗位。以后的大蒙古国，包括再以后的元朝，最高领导权就在拖雷的后代中传递了，和窝阔台的后代就没什么关系了。

总之，大蒙古国一共有四位正式统治者，第一位是成吉思汗，第二位是窝阔台，第三位是贵由，第四位是蒙哥。蒙哥以后就是忽必烈，就进入了元朝。我们在这一节主要讲这四位统治者时期蒙古的版图是如何扩张的。

## 成吉思汗时代的对外战争

在成吉思汗时代，对外战争的主要目标是金朝。当时金朝统治着中原地区，还有东北地区，和蒙古是有仇的，成吉思汗的祖先中有几个人被金人杀害，他们过去打过不少仗。所以，成吉思汗建立国家之后没几年，就对金朝发动进攻，把金朝打得奄奄一息。金朝的首都本来在今天的北京，后来被迫把首都迁到了河南开封，就是因为顶不住蒙古的进攻。

在打金朝以前，成吉思汗还打过西夏。西夏也是一个历史悠久的政权，早在北宋时期就已经建立了，一直发展到金朝和南宋对峙时期，长期控制着今天的宁夏、甘肃、陕北一带，当然它地盘比较小，力量也比较弱。成吉思汗打西夏，其实是为打金朝做一些预演或热身。

但是，在金朝奄奄一息的时候，成吉思汗突然做出了一个重要决策,就是掉转主攻方向,开始西征。当时中亚地区有一个建国时间不长的政权,叫花剌子模,是一个伊斯兰教国家。这个政权和蒙古发生了一些纠纷,蒙古派到西方的一支商队被花剌子模的边境将领杀害。据说这个边将看上了商队的财物,就诬陷这些人为间谍,把他们都杀了,然后把财物据为己有。

成吉思汗知道后,派人前去抗议,结果派去的人又被杀,其随从也受到羞辱,被赶回蒙古。蒙古觉得受到了严重挑战,据说成吉思汗在他草原部落所在地的一座山上认真思考了三天三夜,决定掉转主攻方向,先把金朝放一放,发动西征。蒙古的西征就这样开始了。因此,蒙古的西征带有一点偶然性,本来蒙古不是要往西发展,而是要往南发展,但是这次偶然事件导致蒙古的主攻方向出现了一些变化,而且对以后的历史也产生了很大的影响。

成吉思汗的西征发生在公元1219年到公元1223年,他带领着主力部队向西推进,在中原只留了少数部队,再加上中原一些投降蒙古的汉族地方武装,来与金朝抗衡。花剌子模不是蒙古的对手,因为其内部有不同的宗教和贵族的派别,不太团结,而且在战略上也有问题,采取了分兵把守的策略,没有集中主力和蒙古决战,结果被各个击破,败得很惨。花剌子模的国王

艺术家描绘的成吉思汗追击花剌子模末代苏丹札兰丁的场景

到处流窜，最后死在了一个荒岛上。这样，曾经很强大的一个中亚政权就灭亡了。

成吉思汗在灭亡花剌子模之后，撤兵回到草原，随后又发起对西夏的一次战争，灭掉了西夏。在灭西夏的战争即将结束时，成吉思汗去世了。这就是成吉思汗时代蒙古的扩张情况，最初是向南进攻，打西夏、打金朝，逼迫金朝迁到河南，然后又发动西征，灭掉了中亚的花剌子模国。

## 窝阔台灭金与"长子西征"

到了窝阔台时期，蒙古进一步扩大征伐范围，首先是继承成吉思汗和前代蒙古首领的遗志，继续进攻金朝。公元1234年，蒙古联络南宋军队，把金朝最后一支势力消灭了，这样整个中国北方就落入了蒙古之手。

第一次西征结束之后，蒙古对西边的情况有所了解，知道西边还有很多政权可以征服，还有很多财富可以掠夺。所以，在灭金之后又发动了第二次西征。这次西征在历史上又被称为"长子西征"，因为各支宗室都派出大儿子率军从征。这次西征发生在公元1235年到公元1242年，统帅是成吉思汗长子的儿

窝阔台像

子，叫拔都。第一次西征打到中亚地区，第二次西征沿着第一次西征的路线继续向西北方向挺进。首先打到今天的乌克兰、俄罗斯所在的东欧地区。当时的乌克兰、俄罗斯还没有形成比较大的政权，都是一些小的城邦国家，因此完全不是蒙古的对手，被逐一攻破。

随后，蒙古军又向西挺进，进入了波兰、德国、匈牙利等地区。蒙古军在德国与当地的诸侯联军发生了激烈战斗，把对方完全击溃。当时欧洲都是一些小国，在战略、战术上都不是蒙古的对手，战略上比较呆板，战术上是传统的列阵打法，比较死板，不像蒙古骑兵那样灵活机动，声东击西，诱敌深入。这些战术欧洲人很不习惯，所以被蒙古打得落花流水。

今天的欧洲中部，就是德国这一带，都被蒙古军队横扫。最后蒙古军队开进到南欧的巴尔干半岛，在这个时候，突然得到消息，第二代大汗窝阔台去世了，他们就宣布撤军。因为大汗去世以后，高级贵族要开会商量下一个领导人是谁，所以蒙古就撤军了。如果不是窝阔台去世，蒙古军队很可能还要继续向西挺进，说不定就会打到法国，可能整个欧洲大陆都很难幸免。这就是窝阔台时代的西征。

## 控制西藏

窝阔台去世之后，他的儿子贵由做了大汗。贵由在位时间很短，但是在这段时期，蒙古有一个重要的进展，就是建立了和藏族地区的关系，这一地区在当时叫作吐蕃。自唐宋以来，青藏高原逐渐被佛教控制，形成了藏传佛教，其内部有很多势力，教派林立，不太统一。有一个教派就率先倒向蒙古，双方签订了一个合作协议，蒙古支持这个教派，而这个教派拥护蒙古进入西藏。所以，在贵由时代，蒙古的势力开始向西藏延伸。西藏的势力比较分散，无力抵抗蒙古的威胁，纷纷宣布接受蒙古的统治。这样，青藏高原就被纳入蒙古的势力范围。

## 蒙哥时期的征服战争

贵由去世以后，最高领导权落到了蒙哥手里。蒙哥是一个比较能干的领导者，他在位时期，又发动了新一轮的征服战争。他派弟弟忽必烈向南开拓推进，进攻南宋，又派另一个弟弟旭烈兀继续西征。那么，这次西征是往哪里打呢？第二次西征打的是欧洲，是往西偏北的方向打；第三次西征是往西偏南的方向打，进攻目标是两河流域，主要对手是当时的阿拉伯哈里发帝国。阿拉伯哈里发帝国已经存在了很多年，在历史上曾经非常强大，这个时候虽然比较衰落了，但还维持着在伊斯兰世界的领导权，结果就成为蒙古攻击的目标。

总之，蒙哥在位时期，蒙古又向南、向西分别发起进攻。向南进攻的这支力量由蒙哥的弟弟忽必烈领导，先是与南宋打了一些小规

蒙哥汗骑马行猎图（中间戴冠者）

模战役，后来又把主攻方向调整到西南地区，通过四川打到云南，灭掉了云南的一个历史悠久的政权——大理国。大理国已经存在了300年，最后被蒙古灭掉。蒙古为什么要打大理国呢？因为蒙古对南宋有一个宏大的战略计划，就是迂回包抄，先进入四川，又进一步向南推进，打到云南，灭掉大理国。这就是蒙哥时代蒙古对南方用兵的主要战绩。

与此同时，蒙哥的另外一个弟弟旭烈兀领导了第三次西征。第三次西征是从公元1253年开始，到公元1260年结束。这次西征是向西亚地区推进，消灭了今天伊朗境内的一些地方势力，随后打到今天的伊拉克，包围并占领了阿拉伯哈里发帝国的首都巴格达，阿拉伯帝国就此灭亡。然后，蒙古又继续向西推进，打到叙利亚地区。这个时候，又传来消息，大汗蒙哥去世了。蒙哥是在四川去世的，因为他要去打南宋，率领主力部队进攻四川，打到今天重庆附近的一个重要据点钓鱼城时，就去世了。有资料说他是病死的，也有资料说他是被南宋军队的炮打中的。

蒙哥去世的消息传到西亚，西征部队决定撤回主力，留一些小部队继续向前推进。主力撤回以后，第三次西征也就基本结束了。留下的部队后来和埃及打了一仗，被埃及打败，也就不可能再向西推进了，第三次西征也就到此结束。

总之，在成吉思汗建立大蒙古国以后，差不多半个世纪的时间里，一共换了四代领导人，他们都分别向不同方向——主要是南方和西方——发动过大规模的军事进攻，而且可以说是战无不胜，把周围的这些国家打得狼狈不堪。蒙古灭掉了很多政权，成为一个大范围的世界帝国，这在世界历史上是很罕见的。

## 扩张迅猛，管理混乱

最后我们来总结一下蒙古这个阶段的统治情况。当年成吉思汗统治开始的时期，蒙古只是一个以草原为统治范围的国家，经过后面几个大汗一代代地往外扩张，蒙古已经变成了一个横跨欧亚大陆的世界帝国。这个国家虽然版图非常辽阔，但是内部有很多问题。蒙古的统治者善于打仗，不善于管理，对于如何有效管理这些被征服的地区，建立起有秩序的统治，他们没有经验，也做得不好。各个地区的文化、风俗、语言都不相同，应该因地制宜，进行一些适合当地情况的改革。但蒙古在很多方面是一刀切，用管理草原的一套方法去管理被征服的地区，而且是以剥削为重点，对于治理和秩序的恢复都不够重视。战争导致很多人死掉或沦为奴隶，人口大幅度下降，生产遭到破坏，始终不能很好地恢复起来。所以在这个阶段，蒙古在军事上的力量非常强，业绩非常辉煌，但是在管理和经济上是比较混乱的，很难维持长期的统治。再加上蒙古集团内部围绕最高领导权发生了很多内讧，互相争斗，自相残杀，也导致他们没有充分的精力来进行管理工作。这就是蒙古版图扩张的情况。

# 元朝的建立与统一

文：张帆

忽必烈像

## 与众不同的忽必烈

前面我们讲了大蒙古国的崛起和扩张情况，包括它的制度建设和对外战争。大蒙古国从广义上讲可以算元朝，但从严格意义上来说还不是元朝，严格意义上的元朝要从成吉思汗的孙子忽必烈即位算起。

忽必烈是成吉思汗四子拖雷的儿子，也是大蒙古国第四代大汗蒙哥的弟弟。忽必烈是那个时代的蒙古贵族中较早对被征服地区的文化和社会状况感兴趣的人。当时的蒙古贵族都是会打仗，但是对管理不太注意，也没有刻意地去关注被征服地区的思想文化。但忽必烈很早就在中原地区接触一些知识分子，了解传统中原王朝的典章制度、历史发展过程和文化特点。所以，当时北方的汉族知识分子对忽必烈抱有很大希望，觉得他是一个大救星。因为其他蒙古贵族都对这些方面没有兴趣，只有忽必烈体现出学习的热情，而且表现出改革的愿望。所以，大批汉族知识分子都投奔忽必烈，给他做谋士，为他出谋划策，协助他管理和统治汉族地区。

蒙哥上台以后，忽必烈被委派对南宋进行军事征服。在战争开始前，忽必烈对中原地区进行了一些改革，相当于搞试点。他在汉族知识分子的帮助下，结合当地的社会状况，参考以前王朝的管理方式，进行了一些整顿，效果很好，深受汉族老百姓的欢迎。所以，忽必烈就成为一个在中原地区威望非常高的蒙古贵族。

## 从蒙古大汗到元朝皇帝

公元1259年，蒙古大汗蒙哥在战争中去世，汗位出现了空缺。这时候有两个人要争夺这个位置，一个是忽必烈，他在中原地区已经积累了很高的威望，势力也很强大。另一个人是忽必烈的小弟弟，叫阿里不哥。这个小弟弟当时受到蒙哥的委派，在老家镇守。按照蒙古的习俗，家族中的小弟弟、小儿子在继承方面有一定的优先权，这和汉族的嫡长子继承制不太一样，所以阿里不哥也很想趁势当上蒙古大汗。阿里不哥以草原为根据地，忽必烈以中原汉族地区为根据地，双方展开了一番争夺。公元1260年，两人分别召开贵族会议，宣布登上汗位，随即开始了战争。

忽必烈因为有汉族地区的资源支持，力量比较雄厚，打败了阿里不哥。阿里不哥走投无路，向忽必烈投降。这样，忽必烈就确定了大蒙古国最高统治者的地位，成为大蒙古国的第五代大汗。实际上，忽必烈不仅有大蒙古国第五代大汗的身份，还是元朝的第一任皇帝。他即位之后，就宣布要结合中原的实际情况，推行汉法。汉法就是汉族前代王朝的典章制度，也就是说要把蒙古这个政权汉化或者说中国化。这是他做的一件大事。

### 推行汉法

忽必烈即位的时候发布了一份诏书，明确提出说前代的那些大汗打仗非常厉害，但是管理有点跟不上，他要有意识地在这方面进行改革，加强管理，而且要结合汉族地区的状况，为汉族老百姓办一些实事，搞一些惠民措施，让大家的生活过得好一点，而不是像过去那样，只知道战争和搜刮。这样一个表态很重要。忽必烈即位以后，进行了一些重要的改革，我们称之为推行汉法，主要有五项内容。这五项内容决定了忽必烈政权和原来的政权不一样，有了一些新的特色和性质，基本上能和中原的前代王朝接轨了。也就是说，严格意义上的元朝从这个时候才开始建立。这五项内容是：

第一，建立年号、国号和有关礼仪制度。以前的中原王朝都有年号、国号，这是汉族的一种习惯。大蒙古国没有年号，国号也是用民族名称来命名的，而不是中原王朝那种传统的国号。忽必烈推行汉

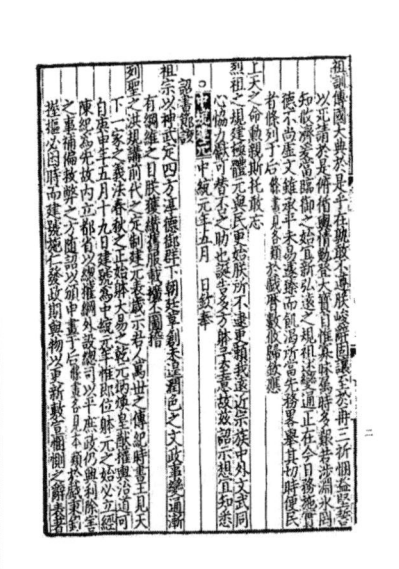

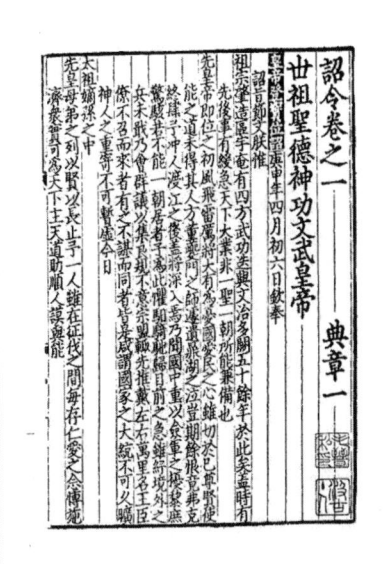

忽必烈发布的汉文《皇帝登宝位诏》

法，定年号为"中统"，意思就是中原正统；定国号为"大元"，出自《周易》的一句话"大哉乾元"。也就是说，元朝的"元"这个招牌在这个时候才正式设立起来。同时，还有一些礼仪制度，都参考前代汉族王朝重新进行了制定。

第二，建立汉族模式的官僚机构。在整个官制方面，从中央到地方，有一整套建制，看上去和以前的汉族王朝的建制是一样的。中央有中书省、枢密院、御史台、六部；地方有府、州、县，有路，后来还有行省等。这些一看就不是草原机构，而是汉族模式的一套制度。

第三，定都汉地，把都城从草原迁到中原。元朝有两个都城，主要都城是所谓的元大都，就是今天的北京。虽然北京并不是位于中原的中心，而是位于中原的边缘，但无论如何已经进入了中原这个范围，属于汉族的地盘。在这里建都，就意味着这个政权以后要以汉族地区为统治重心，这是一个很大的变化。元朝还有一个陪都，在今天的内蒙古正蓝旗，叫元上都。上都也不在草原中心，而是在草原边缘。元朝在汉族地区的边缘建立主要都城，在草原地区的边缘建立一个陪都，通过两都制完成了对中原和草原两大单元的控制。

以前蒙古帝国的都城在哪里？在草原的内部，今天蒙古国乌兰巴托以西三四百公里的地方，叫哈剌和林。这个都城至此被放弃了，往南迁移到了中原边缘地区。

第四，实行重农政策。蒙古族是游牧民族，对农业的重要性没有充分认识，战争中对农业有很大的破坏，也不注意恢复。现在忽必烈政权大力发展农业，采取了很多恢复、刺激农业发展的措施。

第五，尊孔崇儒。在文化方面，对汉族传统的儒家思想进行尊崇，包括建立学校、修建孔庙等，在意识形态上对汉族传统文化予以充分尊重。

通过这五个方面的举措，应该说忽必烈政权在主流上已经转变为一个汉族模式的、和前代王朝接轨的政权，和原来那个草原帝国完全不同了。这就是忽必烈上台的重要历史意义。

## 统一中国

到目前为止，虽然蒙古征服的范围很大，但是从中国的角度来看，它始终没有完成统一，因为南宋还是在顽强抵抗它的进攻。蒙古在灭掉金朝以后没多久就发动了对南宋的战争，但蒙古始终没有用全力来进攻南宋，它在好多地方开战，没有把主要精力投入到南宋方面，所以导致战争拖延了很久。另外，蒙古进攻南宋的时候，把重点放到了四川，打四川费了很大的劲，因为四川特别是重庆这一带山很多，蒙古骑兵完全施展不开。后来四川打不下来，又往南打，打到云南甚至越南，迂回包抄进攻南宋。费了很大的劲，效果却不好。因为南宋的统治中心在长江下游，蒙古从四川、云南打了半天，绕了很大的圈子，最后没有打到要害。所以，蒙古对南宋的进攻并不成功，一直处于一个僵持阶段。当然，南宋的抵抗也很顽强。在长江中下游，包括淮河流域这一带，水很多，蒙古骑兵施展不开。另外，进入温带的南部和亚热带地区，气候炎热，蒙古人不适应，所以他们在北边所向无敌，但打到南宋就没有多大的优势了。这就是蒙古长期打南宋，却没有取得明显战果的主要原因。

忽必烈即位以后，接受了一些汉族大臣，包括一些南宋降将的建议，觉得原来这么打可能是不对的。首先迂回包抄，打四川、打云南绕得太远了，效果并不好。另外，既然打到南方了，水很多，蒙古军不善于水战，那就弥补短板，开始训练水军，不完全靠骑兵了。所以，忽必烈即位以后，调整了战略主攻方向，开始把长江中游作为主攻的突破口，特别是今天的湖北襄阳，这里是南宋的一个军事重镇，驻扎有大量部队，囤积有很多物资。蒙古军后来就包围了襄阳，前后打了五年，才把襄阳打下来，然后才沿着汉水进入长江，对南宋发起最后进攻。战略主攻方向的调整是一个重要变化。另外，蒙古还费了很大的劲来训练水军，不是完全依赖骑兵了，因为骑兵的优势难以发挥出来。这些方面也做了及时的调整。这样，忽必烈在即位十多年之后，终于对南宋发起了大规模进攻。公元1273年，蒙古经过长期围困打下了襄阳，公元1274年正式发起对南宋的进攻，沿着汉水、长江顺

明人《文天祥像》轴

流而下，很快就把南宋的长江防线攻破了。

到公元1276年初，元朝军队推进到南宋的都城临安，就是今天的杭州。南宋朝廷一看大势已去，只好宣布投降，南宋的皇帝、太后递上降表，元朝军队就把他们送到了北方。这个时候，南宋朝廷就算被消灭了，但是还有很多残余势力在坚持抵抗，不愿意屈服于元朝的统治。这些残余势力拥立了两个小王子，在东南沿海坚持抵抗。他们中的一个核心人物就是南宋末年的宰相文天祥。到公元1279年，元朝的军队深入推进到了两广地区，而且派来了大规模的水军。元朝水军经过长期训练，作战能力有了大幅度提高，和南宋水军在今天广东新会南边的厓山海域发生了一场大战，打了整整一天。最后南宋水军全军覆没，南宋最后的小王子被大臣抱着跳了海，南宋最后这支势力就被完全消灭了。

抵抗势力的核心人物文天祥也被俘虏，并被带回了元大都。虽然被长期关押，但文天祥仍然坚持气节，不向元朝投降，后来也被杀害。这样，南宋就完全被元朝征服，元朝由此完成了对中国的统一。

## 四大汗国

我们在前面讲到，蒙古曾经发动过几次西征，建立了一个横跨欧亚的大帝国。不过，随着忽必烈即位，把发展方向转移到南方，西边那些被蒙古控制的地区，比如中亚、西亚、东欧一带，便慢慢脱离了蒙古大汗的直接控制，各自走上了独立发展的道路。他们的首领都是成吉思汗家族的子孙，后来形成了各自独立的政权，我们一般称之为蒙古四大汗国。在俄罗斯西部地区有钦察汗国，在伊朗地区有伊利汗国，在中亚和今天中国新疆的部分地区有察合台汗国和窝阔台汗国。

这四个汗国和元朝是什么关系呢？表面上，四大汗国还承认元朝是他们的宗主国，因为大蒙古国的最高领导位置被认为由元朝继承了，四大汗国居于附属国的地位。但实际上，他们完全独立，完全自治，元朝无法干涉他们内部的事情。而且有一个时期，因为过去的一些积怨，包括对国家战略方针调整的不同认识，窝阔台汗国、察合台汗国还和元王朝发生过战争。但总的来说，四个汗国还是承认元王朝的宗主国地位的。因此，实际上蒙古大帝国分裂成了元王朝和四大汗国，这样的状态大体上一直持续到元朝灭亡。这就是元朝的建立和统一这段历史的大概情况。

# 元朝中后期的政治

文：张帆

　　元朝的历史不算太长，从忽必烈即位算起，有100多年；就算从成吉思汗建国算起，也只有160多年。狭义的元朝，从忽必烈即位算起，一共存在了108年。这108年可以分成三个阶段，第一个阶段是忽必烈时期，他统治的时间有30多年。第三个阶段是最后一个皇帝元顺帝时期，他也统治了30多年。中间第二个阶段也是30多年，一共换了9个皇帝，皇帝更替是很频繁的。我们在这一节中所说的中后期主要指的是忽必烈以后的这段时间。

## 汉化迟滞

元朝中后期的统治有一个基本特征，也是元朝存在的一个问题，就是汉化迟滞。元朝作为蒙古人建立的政权，本来是以草原为重心进行统治的。忽必烈把国家重心调整到中原，和前代汉族王朝接轨。但是，这个接轨不是特别完善。忽必烈虽然对传统的中原典章制度很有兴趣，但是学习得不太到位，而且后来他的兴趣有些转移了，这也影响到了后面的元朝皇帝。整体来说，元朝从表面上看像是一个能和前代汉族王朝接轨的政权，但是在很多细节方面并没有完全接轨。比如元朝的皇帝大部分不能熟练地使用汉语，和汉族大臣交流要依靠翻译。这是一个很大的问题。

所以，总体来说，元朝与汉族社会的磨合程度是不够的，中国古代的很多少数民族王朝，包括清朝以及之前的金朝、辽朝、北魏，在这方面都比元朝做得好。

元朝中期，30多年间换了9个皇帝，皇位更迭非常频繁，中间还伴随着激烈的皇位争夺。因为元朝受到蒙古传统习俗的影响，在皇位的继承方面是比较灵活的，就是采取一种贵族推选制度。皇帝可以指定接班人，但只能作为一条意见，最后还需要全体宗王贵族开会来决定。这个习俗很难改变，这和汉族的嫡长子继承制不同。元朝皇帝的传承次序是非常混乱的，虽然他们都是忽必烈的后代，但不是单线传递，而是跳来跳去的。每次皇位更迭，都要等宗王们从草原到达以后开会，共同确定新的继承人，中间会有很多变数，发生很多纠纷。有些阴谋家就趁机拉帮结派，推出自己的人选，有时候就会发生政变，甚至发生暗杀、谋杀。到了元朝后期，还发生过内战，两派势力，一派占据元大都，一派占据元上都，大打出手。这些因素导致元朝的统治经常处于混乱状态,很多政策不能有效延续,高层统治集团把大量的时间、精力耗费在内讧中,对元朝的发展非常不利。元顺帝即位以后,这个问题稍有缓解,但这时候元朝整体的国运已经衰落了。

## 财政危机

此外,元朝后期的财政危机非常严重,国家财政入不敷出。元朝在全国普遍发行纸币作为单一货币,不使用铜钱,也不使用金银。发行纸币容易造成通货膨胀,因为纸币的印制成本很低,如果不加以控制,很可能就会乱印,最后导致通货膨胀,纸币贬值,财政崩溃。元朝的情况就是这样。他们一开始也知道纸币只是金属货币的代用品,不能无限制地印刷,对印刷投放量有所控制,但是越往后越不能坚守,最后导致整个财政完全崩溃。

元朝财政有两项特别大的支出,是其他朝代不太突出的。元朝的宗王贵族都分封在草原,对国家享有一定的主权。如果元朝是一家大公司的话,那么大股东就是皇帝,小股东就是这些王族,每年都得给这些小股东分红,分得少的话,小股东可能就

中统元宝交钞

不再拥护大股东。所以，元朝每年都要给这些草原上的宗王贵族发放大量的钱财。每次新皇帝上台，大家都来开会拥戴，但不能白拥戴，得一次性发放大笔奖金。滥加赏赐这些草原的宗王贵族是元朝财政的一大缺口。这是第一项大的开销。

第二项大的开销是宗教活动。元朝皇帝信奉藏传佛教，藏传佛教在元朝比较有影响的派别是萨迦派，今天的藏传佛教是格鲁派。萨迦派受佛教密宗的影响很大，经常要举行很复杂的宗教活动，规模很大，花费很多。元朝的皇帝，还有高层贵族，普遍信仰、迷恋藏传佛教，频繁举行这种复杂的宗教仪式，投入的经费相当多。

赏赐宗族和举行宗教活动，这是元朝财政的两大开销，当然还有很多其他方面的开销，最后入不敷出，只能多印纸币，导致财政崩溃。这是元朝逐渐衰落的一大原因。

总之，元朝在忽必烈统一全国以后没有进入上升期，反而逐渐开始走下坡路了。忽必烈在位后期，也统治得不好，他发动了一些对外战争，但没有打赢。

## 元末起义

到公元14世纪中叶，元朝终于爆发了大规模的地方民众起义。元朝后期，各种危机逐渐积累，社会矛盾越来越严重，再加上一些天灾，老百姓活不下去了，就纷纷发动起义。元朝后期的起义有一个背景，就是都是由秘密宗教团体组织的，主要是白莲教。

白莲教是佛教在中国发展演变出来的一支民间教派，其特点是可以在家修行，适应一般老百姓的生活。就是说，信仰白莲教，不需要出家当和尚，可以在家正常地生产、生活，其信徒的身份也是被承认的。这对老百姓来说很有号召力。

白莲教在元朝后期遭到政府的取缔，就转入地下进行秘密传教，而且规模越来越大。在公元1351年，白莲教利用老百姓对元朝的不满情绪，发动了大规模起义。白莲教有个口号，叫"弥勒下生"，或者叫"明王出世"。他们宣传说，世界末日快到了，我们这个教崇拜的佛是光明之佛，又叫明王，你只要信了我们的教，跟着我们一起搞活动，在世界毁灭时，你就不会牺牲，而等到将来世界重新建立时，就是我们的天下，你就会过上好日子。这样一套说教，对老百姓有一种蛊惑作用，所以大批老百姓都加入了白莲教。

元朝后期，起义多点开花，从中原到南方，好多支势力同时起义，导致朝廷的统治捉襟见肘。当年蒙古的骑兵战无不胜，横扫欧亚大陆，到了这个时候，因为多年不打仗，蒙古人的战斗能力都退化了，连农民起义也无力镇压。最后经过十几年的动乱，元朝实在控制不了局面，各支反元势力不断强大，其中一支就是朱元璋，他先消灭了南方的其他势力，然后发起北伐。到公元1368年，朱元璋的部队进入元

朱元璋、陈友谅鄱阳湖之战，出自清代小说《廿一史通俗演义》插图

大都，元朝皇帝带着后宫以及一些官员狼狈逃回草原。至此，元朝就算灭亡了。

在这以后，退回草原的元朝残余势力维持了很长时间的活动，有一段时间还打着元朝的旗号，但后来就放弃了，退回到割据状态。蒙古族作为一个民族还在草原上频繁活动，并和之后的王朝——明朝、清朝都有复杂的关系。以上就是元朝中后期政治发展的概况。

## 元朝的特点

最后我们再对元朝的特点做一下总结。元朝是中国历史上唯一由北方游牧民族建立的统一王朝。清朝不是游牧民族建立的。元朝进入中原以后，在对汉族社会进行统治的时候，是比较困难的。因为游牧民族社会和农业社会差距太大，蒙古族在适应汉族的风俗习惯、典章制度、管理手段的时候，会比较费劲。这是元朝汉化迟滞，在细节方面和汉族社会磨合不好的一个主要原因。

但是，这也导致了另外一个结果，就是蒙古族保持了自己的文化传统，没有与汉族完全融合到一起。在元朝灭亡以后，他们能够全身而退，回到草原。经过明朝、清朝几百年的发展直到今天为止，蒙古族仍然是一个有生命力的、非常活跃的民族，这种情况在中国历史上并不多见。因为以前好多民族都慢慢地消失了，以后的民族，比如满族，建立了清朝，虽然在与汉族社会磨合方面比较成功，统治的时间也比元朝长，管理手段等各方面都较能适应汉族社会的要求，但是其自身的文化特色，包括语言、文字等，都慢慢地丢掉了。清朝灭亡以后，满族虽然还是中国的一个少数民族，但是其自身的文化特色不太

蒙古族的那达慕大会

明显，处在一个逐步消失的阶段。蒙古族完全不同。到今天为止，蒙古族自身的文化特色还保留得比较完整，历史传统也继承得比较好。这就是历史发展的复杂性。虽然作为一个王朝，元朝比较短命，但蒙古族自身的文化传统得到了较好的保留和继承。

# 元朝的国家制度

文：张帆

这一节我们来讲讲元朝的国家制度，了解一下元朝的国家机构和相关管理制度是如何设置的。

元朝的前身大蒙古国是一个草原帝国，忽必烈把统治中心迁到中原，与前代汉族王朝接轨，建立起一个汉族传统模式的王朝，就是元朝。那么，汉族传统模式下的元朝究竟是什么样子的？它从中央到地方的机构、管理制度的框架是怎样的？

## 中央机构

元朝建立之后，忽必烈制定了一套汉族模式的官制，从中央到地方有一套系统。简单说，中央有三大机构：第一大机构是中书省，是全国最高的行政机构，也可以称为宰相机构；第二大机构是枢密院，是管军事的，是全国最高的军政机构；第三大机构是御史台，是管监察的，独立于行政、军政系统之外。

这三个机构都是从中原王朝以前的机构中发展过来的。比如唐朝的三省六部制，中央有三个名为"省"的机构，共同辅助皇帝决策和协调百官，进行行政管理。

唐朝的三省是尚书省、中书省、门下省，这三个省到元朝就只剩一个省了，就是中书省，由它来承担协助皇帝决策和进行行政管理的职能。

中书省下面有六部，和唐朝的六部完全一样。六个主要职能部门吏、户、礼、兵、刑、工，分别主管人事、财政、文化教育、军事、司法和工程。六部体制，从隋唐一直到清朝都没变，元朝也是这样。

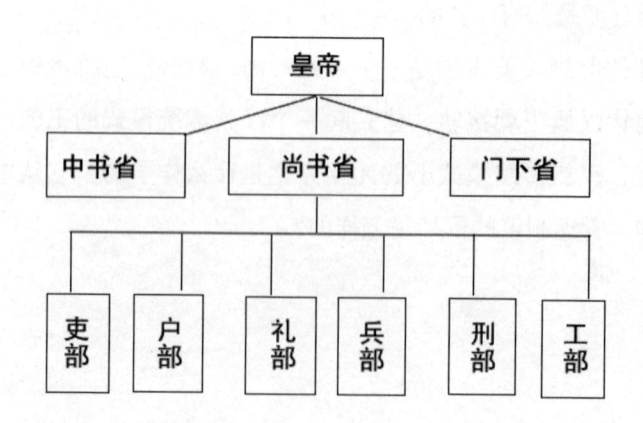

唐朝三省六部制结构图

所以，从这些机构来看，元朝的中央官制采用的是汉族模式的基本架构。元朝的三大机构里，比较主要的是中书省，它是宰相机构，在元朝国家机构中的地位非常重要，承担主要的行政管理职能。

## 家臣政治

元朝有一个特点，就是蒙古族统治者可能保持了一些游牧民族的豁达和不拘小节的风格，皇帝不愿意管很多小事，比较放松。元朝有一个和其他朝代不一样的地方，就是皇帝不上朝，除了个别节日和举办大型活动时会出来跟大家见面，平时没有上朝的制度，不需要每天或隔一两天在哪个固定的地方坐着，处理政务。

主要的行政压力都在中书省，中书省要听取下面的机构包括地方的汇报，制定政策，然后再去向皇帝汇报，由皇帝批准之后进行贯彻

《元世祖出猎图》（局部）

落实。中书省的领导就是宰相，他们每三天向皇帝汇报一次工作。至于皇帝在哪儿，就不一定了。皇帝在哪儿，他们就去哪儿找皇帝。皇帝如果在宫里坐着，他们就去宫里找皇帝；皇帝如果在外面打猎，他们就去打猎的地方找皇帝。在这个体制里，皇帝是比较超然的，他不太涉及具体的管理，所以宰相机构中书省就显得比较重要。

从这个角度来看，元朝皇帝的权力似乎比较下放，不是特别专制独裁。其实从本质上来说，元朝是一个专制强化的朝代。因为按照蒙古贵族的统治理念，元朝就是一个家天下的政权。整个国家，包括政府和老百姓在内，都是皇帝或者说是皇家、皇族的私人财产。皇帝作为家长，不见得要管那些具体的事情，他会委任一些仆人来替他管理家务。

仆人的首领相当于管家，就是宰相。皇帝会认为，反正我就把事情交给你了，你管得好，我就让你接着管；管不好，我就把你撤掉，甚至杀掉，各种惩罚都有可能。这样的一种统治理念，就是家天下。家长不见得管事，具体的事务都交给管家去处理。所以，元朝的政治体制是一种家臣政治。以宰相为代表的官僚被看成皇帝个人的仆人或是家臣，他们代替皇帝来执行管理工作。

## 地方制度

元朝在地方上有一套有特色的制度，就是行省。什么是行省呢？中央的最高行政机构是中书省，中书省管理这么大的国家有点管不过来，就派一些人挂着中书省的招牌到外地去坐镇，去处理一些重要事情，或者协调一些重要工作，相当于设立了很多工作组。这些工作组就被称为行中书省，简称行省，又简称省。今天中国的一级行政区还叫作省，就是从元朝的行省演变来的。

元朝一共有10个行省。元朝的地盘很大，离首都比较近的地区，包括今天河北、山西、山东和内蒙古的大部，由朝廷的中书省直接管理。其他地方设立行省，中书省就不直接管理了，而是派出一批人去坐镇，进行管理。这就是元朝的行省制度。

行省制度和以前的中原王朝的地方制度有些不一样的地方，一是行省地盘大，至少相当于今天的一个省，有的相当于今天的两三个省。二是级别高，因为工作组是代表中央去地方坐镇的，都顶着中央的头衔，级别和中央政府的宰相是一样的。也就是说，行省不是中书省的一个下级机构，与朝廷不是上下级关系，而是同级别的，是主体和分支的关系。行省级别很高，而且权力集中，什么都管，行政、军事、财政一把抓。这种情况在汉族王朝一般不被允许出现，地方行政区权力这么大，管事这么多，级别这么高，很容易发生叛乱。

但是，元朝是草原民族入主中原建立的王朝，比较强调效率，有什么事需要迅速反应、迅速行动，不希望拖延。同时，蒙古族是从外围来的，派几个人到地方坐镇，也很难和地方势力结合，闹不了独立。当然，行省也不是完全没人管得了。元朝中央有监察机构御史台，御史台在地方上也有一套机构，有行御史台。整个北方由御史台直接负责监察，南方由江南行御史台负责监察，西部包括陕西、甘肃、四川、云南由陕西行御史台负责监察。中央御史台，称为内台；江南的御史台，称为南台；西部地区的御史台，称为西台。下面又有一些具体的机构。这套监察系统，多少能对行政系统有些约束。

另外，行省并没有覆盖元朝全国的所有地区，还有一个很大的特区没有设行省，就是青藏高原或者说藏族地区。元朝在藏族地区推行的是政教合一的管理体制。在藏族地区，佛教的势力特别大，元朝中央政府设立了专门的机构来主管佛教，这个机构叫作宣政院。元朝就是通过佛教机构宣政院来监管西藏的事情。因为在西藏，佛教几乎笼罩一切，中央管佛教的那些人顺便就把西藏给管了。西藏或者说青藏高原可以被看成一个特区，这里没有设行省，而是由中央的佛教机构宣政院来进行管理的。

元朝的版图很大，对边疆的控制也比较稳固。以前的汉族王朝，汉朝、唐朝的地盘都很大，但那是短期的，或者说是偶然的、不稳定的，其统治集团没能长期维持那么大的版图，并且进行比较深入的统治。

相反，元朝从开始到最后，版图都是非常稳定的，对边疆控制的稳固程度、深入程度也超过汉唐。所以，同样是版图很大的王朝，元朝比以前的汉族王朝做得更成功。

## 选官制度

下面我们讲讲官员选拔。元朝的高官当然基本是由蒙古贵族垄断的。元朝很长时间没有搞科举，基本上是从吏员（就是普通公务员）中直接提拔官员。也就是说，不是面向知识分子开辟一个专门的选拔官员的渠道，而是直接从在衙门里打工的一些人里提拔，只要干得好，就能被提拔。在古代，这些在衙门里打工的吏员和知识分子是两拨人，这两拨人是比较隔绝的。汉族王朝都有类似科举的制度向知识分子敞开，很多人通过读书做官，而那些吏员基本就是在下面打工，不会担任领导。元朝把这个区别打破了，打工的人直接当领导，而没有面向知识分子再开辟一个做官的快速通道。这是元朝的特点。

因此，元朝的知识分子就不满意了。到了元朝后期元仁宗在位时，经过大家的一再抗议，恢复了科举制度，开辟了这个通道。史称"延祐复科"。不过，这个通道很小，录取的人很少，而且被录取以后也当不了什么大官。总的来说，在官员选拔方面，传统的儒家知识分子没有得到足够的优待，这和蒙古统治者对儒家文化认识不深有关系。

元仁宗像

元朝的这些读书人没有受到传统的那种优待，就容易被人嘲笑。他们发了很多牢骚，比如有种说法叫"九儒十丐"，意思就是说在社会上，知识分子、儒生的地位也就比乞丐高一点，其他人都比儒生强。虽说不是真有这样的等级制度，但是这反映出儒家知识分子对当官不太顺利这种状况的不满。

## 法律制度

元朝的汉化不到位，管理上不够细化，很多东西都是粗线条的。在法律方面，元朝始终没有颁行过一部正规法典。审案子都是现找案例，一个案子出了，就去找个以前的例子，以前是怎么判的，参照着判就行了。如果这种案子以前没出过，就现商量一个办法，而且会作为以后的参考案例。基本上是临时找案例这样一种处理办法。

很多人可能有一个误解，觉得元朝的统治很残暴。应该这么说，元朝在战争中是很残暴的，蒙古统治者在战争中屠杀了很多人，但是在和平年代，他们并不残暴。这和游牧民族那种办事比较粗线条、豁达或是不拘小节的风格有关。元朝的法律是比较宽松的，其实有人专门记载过，在元朝后期，地方上很少判死刑，偶尔判一次死刑，大家都奔走相告去围观。总之，元朝的统治并不能称为残暴，相反，其司法还很宽松，甚至有很多漏洞。

## 草原制度的残余

以上我们讲的是元朝的国家机构、国家制度的特点，在基本的汉族模式体制之下，还有一些蒙古的旧制度杂糅在里面，没有完全、充分地汉化。比如元朝有达鲁花赤制度，就是各机构都要配一个特派员，相当于各机构的一把手。这个特派员原则上要由蒙古人来担任，不能由汉人担任，代表蒙古统治者来控制这个机构。他平时管事不一定多，但有一票否决权，最后有可能一票否决某件事情。这等于在机构里专门多出一个编制。

再比如元朝有分封制。我们前面讲过成吉思汗把儿子、弟弟都分封在草原，他们的后代越来越多，在草原都有封地，同时还会享受内地某些指定地方的部分赋税，也会对这些地方进行一些操控和垂直管理。这对中央的统一管理，包括中央集权这套体系其实是有破坏作用的。这些都是元朝草原制度在汉族框架里的一些残余，也是元朝制度的一个方面。

# 第二章 明清

统一多民族封建国家的巩固和发展

# 贫寒天子与内敛的明代中国

文：赵现海

## 出身最贫寒的皇帝

公元1328年是中国的龙年。龙在中国是祥瑞的象征，在西方却是邪恶的象征。无论如何，这一年中外历史充满了动荡，却又蕴含着无限的生机。

蒙古帝国在半个世纪的时间里，宛如一阵历史的狂风，席卷了大半个亚欧大陆。但取得胜利之后，蒙古帝国下属的各个汗国由于争夺汗位，经常处于动荡中。在公元1328年这一年中，蒙古帝国的宗主国——元朝便换了三位皇帝，出现了四个年号。

正是在这个动荡之年，朱元璋出生在淮河南岸的钟离东乡，也

就是现在的安徽省凤阳县。凤阳当时并不是一个好地方，不仅淮河经常泛滥，淹没这个地方，而且南宋以来的长期战乱也不断冲击这里。但越是艰苦的地方，越是能磨炼人，朱元璋从小便不断经历着各种各样的磨难。朱元璋的父母都是穷苦的农民，生有四个儿子、两个女儿，朱元璋是他们的第四个儿子。"元璋"这个名字是他从军以后由儒士取的，他原来的名字只是按照当时的风俗，将出生时父母的年龄相加，叫作"重八"。这种取名方法十分普遍，元末另一位枭雄张士诚原名张九四，他的弟弟张士德原名张九六。

明太祖朱元璋像

## 从皇觉寺到红巾军

疆域空前辽阔的蒙古帝国，虽然在不断的皇室内乱中动荡不安，但它在14世纪的突然崩溃却与自然灾害的冲击有直接关系。14世纪中期，一场蔓延于亚欧大陆的大旱灾导致大量人口、牲畜死亡，而来不及掩埋的尸体慢慢腐烂，导致了瘟疫的大规模流行。作为草民，朱元璋的父母、大哥由于灾荒吃不上饭，营养不良，很快便感染了瘟疫，不幸病故。穷苦的朱氏兄弟在父老乡亲的帮助下，将父母、哥哥草草安葬后，便各谋出路去了。

朱元璋的选择是到皇觉寺出家。如今人们一看到某人出家，就会认为这个人信仰佛教，或者信仰道教，是一个信仰问题。其实在古代社会，出家在多数情况下是一个生存问题。中国古代虽然有救济穷人的制度，政府设有养济院、漏泽园收容孤苦无依的老人，民间的富人或者宗族也会在发生灾荒时施舍米粥，但其规模、力度与数量庞大的穷苦人口相比，显得远远不够。而大量寺院、道观在灾荒时通过施舍穷人招徕信徒，从而扩大自身势力，可以起到很大的弥补作用。信不信教另说，先把肚子填饱，当时皈依佛道的人很多都是抱着这个想法。朱元璋也是如此。所以，很多史料与研究说朱元璋信仰佛教，其实未必，他对各种思想体系都有兴趣，是一个为了稳固政权，什么手段都可以采用的典型的实用主义者。

随着灾荒的范围越来越大，投靠皇觉寺的人也越来越多，寺里养不活这么多人，就让后来的僧人出去游方。游方也就是"游于方内"，是僧人修行的一种方式，通过进入红尘磨炼心性，从而得道成佛。游方的僧人们由于没有盘缠，一路上靠化缘为生，就像《西游记》里唐僧师徒四人一样。所以，游方实际上就跟要饭差不多。很不幸，朱元璋也在被遣散的僧人中。

又过了几年，在灾荒的冲击下，许多地区发生了叛乱，叛乱者头裹红巾，因此被称为"红巾军"或"红军"。当时还有一支队伍，着青衫，被称为"青军"。红巾军借助人们渴望得救的心理，宣扬白莲教教义，对人称"弥勒下生""明王出世"，前来拯救黎民百姓，在大江南北获得了广泛的响应。在具有一定规模后，红巾军开始举起民族独立的大旗，标榜恢复宋朝统治，指责元朝"贫极江南，富夸塞北",把财富都运到蒙古草原去了,才导致汉地的灾荒。在朱元璋的家乡,也有一支红巾军,驻扎在濠州,以郭子兴为首。红巾军当时的纪律非常差,大量杀人,搞得人心惶惶。朱元璋托庇于皇觉寺的那一丝安宁,也被兵乱无情地打破。这时,朱元璋幼时同村的一个叫汤和的小伙伴已经加入了郭子兴的军队,他来到皇觉寺,动员朱元璋也加入红巾军。朱元璋开始时有所犹豫,没有立即跟着汤和走,但看见兵乱越来越厉害,将要蔓延到钟离,就卜了一卦,卦象显示从军吉利。于是他做出决定,赶往濠州,去投奔汤和。

## 独当一面

朱元璋少年时期颠沛流离、朝不保夕的生活,应该对他的性格造成了很大影响,使其内心深处一直缺乏足够的安全感。这种性格缺陷长期影响了他的人生观,在很大程度上也影响了他的从军道路与建国施政方略。

加入红巾军之后,朱元璋作战有勇有谋,很快便得到主帅郭子兴的赏识,不仅提拔他,而且将义女马氏嫁给了他,马氏就是后来的马皇后。朱元璋知人善用,很快就团结了一批能干之士,势力逐渐壮大。对于朱元璋的快速成长,郭子兴的部下甚至郭子兴本人都逐渐产生了猜忌、排挤心理。为了避免与郭子兴部发生正面冲突,朱元璋率领邵荣、徐达、常遇春、李善长等人向南独立发展,渡过长江,占领集庆,也就是今天的南京,被红巾军的皇帝韩林儿封为吴国公,朱氏政权由此开始成形。这一时期的朱氏政权,虽然开始招徕江浙士人,以充实政权体系,加强地方治理,但政权主体一直是以朱元璋为首的

马皇后像

来自淮河支流——濠梁河的政治群体，也就是《明太祖实录》里所谓的"濠梁旧雄"。直到洪武晚期朱元璋大规模杀戮武将集团之前，朱氏政权一直是朱氏家族与"濠梁旧雄"共天下的政治格局。如果我们到南京钟山去看一下，便可发现在埋葬朱元璋的明孝陵的周边，埋葬着众多"濠梁旧雄"。而那些后来归附的文官，虽然很多也为朱氏政权立下了很大的功劳，深受朱元璋信任，但只能在退休以后回到家里，并埋葬在那里，比如刘基也就是刘伯温便是如此。朱元璋与"濠梁旧雄"的关系，真可以说是生死与共。

## 对"濠梁旧雄"的控制

但同患难易，共富贵难，兄弟虽然如手足，但手足相残在"二十四史"里实在是司空见惯。朱元璋升居吴国公之后，对他的部下而言，他从平起平坐的兄弟一跃而居于众人之上，"濠梁旧雄"心中不会毫无波澜。北大历史系教授李新峰通过钩沉史事，指出这一时期朱元璋借故诛杀了对他的地位构成威胁的邵荣与赵继祖，此后又平灭了与自己有姻亲关系的谢再兴的叛乱，从而完全确立了自己相对"濠梁旧雄"的权威地位。但从军之后，尤其是这一过程中的兄弟反目与血腥杀戮，进一步加深了朱元璋性格中的不安全感。

第二章　明清——统一多民族封建国家的巩固和发展

为了加强对"濠梁旧雄"的控制，朱元璋采取了三种方式。一是重用自己的亲属。朱元璋先后提拔了侄子朱文正、外甥李文忠，前者被委任为大都督，掌管朱氏政权的所有军队；后者被朱元璋不断升迁为明朝的第三武将。但即使是对这两个人，朱元璋仍然有很深的猜忌。朱文正驻守洪都，顽强抵御了陈友谅的进攻，使朱元璋取得了鄱阳湖水战的胜利，成为统一战争中扭转战局的关键。但鄱阳湖水战之后，朱文正因为对朱元璋的封赏有所不满，被囚禁至死。李文忠虽然在驱逐北元的战争中厥功甚伟，却仍然被朱元璋不断压制，据说最后他的死也和朱元璋有关。

二是广收义子。朱元璋将军队中作战勇敢、富有谋略的年轻将领收为义子，借助这种拟制血亲的方式扩大自身的影响。朱元璋的义子中，最著名的便是后来战功卓著、世代镇守云南的沐英。

三是利用江浙士人制约"濠梁旧雄"。占领南京之后，朱元璋进入到两宋以来，尤其是南宋以来儒学的核心地区——江浙行省、江西行省，积极招徕这两个地区的士人，可称为"江浙士人"，使之进入各级政府系统，与武将群体一起管理政权。朱元璋的意图一方面是要加强政权治理，另一方面也有以之制约武将集团，尤其是"濠梁旧雄"的政治意味。江浙士人之中，最著名的便是"浙东四名士"，而其中尤为朱元璋所倚重者，是很有

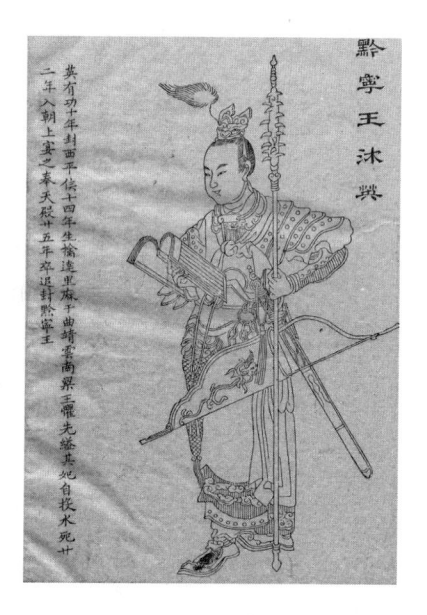

沐英像，出自上官周《明太祖功臣图》

谋略的刘基。朱元璋将刘基引入核心决策层，使之分割"濠梁旧雄"的军政权力。

可见，在创立政权的初期，朱元璋在缺乏安全感的性格影响下，奉行十分谨慎的政治立场，防范任何反对派的出现，从而竭力将政权牢固地掌握在自己手中。

### 内敛的疆域政策

公元1368年，朱元璋41岁，正值不惑之年。在这一年，他建立了明朝。明朝建立后，朱元璋在缺乏安全感的性格影响下，确立了内敛的疆域政策，因为他认为边疆开拓可能会导致财政危机、社会动荡，最终会影响政权稳定。因此在洪武六年（公元1373年），朱元璋明确宣布对周边国家不主动征伐。"四方诸夷，皆限山隔海，僻在一隅，得其地不足以供给，得其民不足以使令。若其自不揣量，来挠我边，则彼为不祥。彼既不为中国患，而我兴兵轻伐，亦不祥也。吾恐后世子孙，倚中国富强，贪一时战功，无故兴兵，致伤人命，切记不可。"即使是对汉、唐积极经营的西域，明朝从建国伊始，也采取放弃态度。

但对于北逃至蒙古高原的北元，朱元璋为了防范其南下"复国"，仍强调积极备战。"但胡戎与西北边境，互相密迩，累世战争，必选将练兵，时谨备之。"不过，这种积极备战的政策，也同样由于朱元璋在缺乏安全感的性格影响下，大规模杀戮开国功臣，而转入完全的防御姿态。鉴于自己已经创业成功，朱元璋开始将矛头对准与自己一起打天下的开国功臣，其中的主体便是"濠梁旧雄"，以防范这一政治集团对政权构成威胁。洪武十三年（公元1380年），朱元璋借助"胡惟庸党案",大肆诛杀、驱逐"濠梁旧雄"中的文武势力,严重削弱了"濠梁旧雄"在政治领域的影响。洪武二十五年(公元1392年),朱元璋鉴于北元已经灭亡,发动了"蓝玉党案",此后又借机诛杀了傅友德、冯胜,从而将包括"濠梁旧雄"在内的开国功臣铲除殆尽。经过多次杀戮,"濠梁旧雄"作为一个政治集团,已经不复存在,朱氏政权由朱氏家族与"濠梁旧雄"共天下的格局,一举转变为朱氏皇族"家天下"。在中央,皇帝直接统领文武群体与天下军队;在地方,诸王节制天下军队,发现朝廷有奸臣,可以率兵"清君侧"。朱氏皇族由此形成里应外合、共同统治的政治局面。

朱元璋铲除开国功臣,虽然加强了皇权专制,却带来了十分不利的后果,那便是随着武将群体被诛戮殆尽,明军丧失了进一步开拓边疆的军事能力。取代开国功臣掌握地方军权的诸王,军事能力与开国功臣相比,差距太大。开国功臣中,不仅徐达、蓝玉等人可以直捣漠北草原,即使是中级将领如宁正等人,也有开拓一方的军事能力。与之相比,北方边疆军权转移至诸王手中之后,朱元璋一直不敢让诸王北上漠北,而是一直让他们在漠南草原来回巡逻,保持防御态势。

蒙古帝国解体后,亚欧大陆的西欧文明、阿拉伯文明、俄罗斯文明都不断向外扩张,竞逐新的世界霸权,从而交织、形塑出近700年来世界史的基本图景与历史线索,世界近代史由此开端。西欧在蒙古帝国所带来的中国科学技术的促动下,在对海洋空间的天然兴趣的催动下,开启了"大航海时代",在14—17世纪,掀起了以资本主义文明为主导的全球化进程,成为近代历史的推动者与主宰者。在东欧平原上,罗斯民族建立了长期分裂的诸公国,钦察汗国(金帐汗国)的军事征服,不仅首次结束了罗斯诸公国的分立局面,而且给当地政治带来了威权制度。14世纪,莫斯科公国继承了蒙古帝国的广阔视野与政治威权制度，趁着金帐汗国衰落的历史契机，通过扩张、兼并，迅速崛起，从一个小公国疯狂地向整个欧亚内陆扩张势力，形成了崭新的俄罗斯文明。从地理位置、疆域观念、扩张方式等方面来看，俄罗斯文明在相当大的程度上成为游牧族群在近代世界的继承者。参照"大航海时代"的概念，可将俄罗斯这一时期的历史称为"俄罗斯崛起"。蒙古帝国解体后，伊斯兰文明同样将伊斯兰教"圣战"意识与游牧族群骑战风气相结合，奥斯曼帝国、帖木儿帝国及其后裔在欧亚非积极扩张，不仅攻占了基督教文明在东方的象征——君士坦丁堡，而且向东进入中亚、东南亚，奠定了当今伊斯兰文明的势力版图，可称为"伊斯兰扩张"。

与以上三种文明相比，明朝虽拥有当时世界上最为强大的陆军与水军力量，却由于秉持内敛的疆域政策，对周边国家不采取主动征伐态度，在明初大体收复元朝旧疆之后，进一步将飞翔之翼剪断，在北部边疆也放弃大规模的军事进攻，并且在北部边疆大规模修建长城，在东部沿海构建类似长城的军事防御体系。明朝这一政策，不仅使自己长期面对边疆族群的军事威胁，背负了极为沉重的财政负担，最终灭亡于长城边疆的内外叛乱，而且为其他文明的东进提供了历史空间，是近世中国被其他文明赶超的关键原因。由此可将明代中国的历史时代称作"明长城时代"。可见，从14世纪以来世界史的视角来看，明朝的疆域政策使中国在世界近代史开启之初，便站在了与世界主流背道而驰的历史方向上，不仅深刻影响了明代中国的历史道路，而且影响了近世时期中华文明的整体走向。

公元1398年，朱元璋71岁，到了古稀之年。正是在这一年，朱元璋因操劳过度而去世。许多皇帝影响了一代人的命运，而朱元璋却影响了中国数百年的命运，不仅在中国历史上打上了自身鲜明的印记，而且对世界近代的历史轨迹也造成了深刻影响。

# "靖难之役"与永乐帝的边疆开拓

文：赵现海

## 明初分封

朱元璋缺乏安全感的性格，在明朝建立之后，最直接、最鲜明的体现，就是复活早已名存实亡的分封制度，将之设定为明朝的基本制度，从而建立起朱氏皇族"家天下"的政治格局。

先秦时期，在部落联盟基础上演化而成的分封制度，是在社会经济不发达、中央政权难以直接有效统治地方的时代背景下所形成的一种赋予地方政权一定独立性的政治制度。秦朝统一中国后，为了加强中央集权，废除了具有地方分治意味的分封制度，普遍推行郡县制度，以此保证中央政令在地方的贯彻，推进当时全国一体化的历史进程。秦朝这一设想虽然十分美好，但由于未充分考虑到不同地区在不同政权分治之下所形成的巨大社会差异，从而激化了东方社会的矛盾，酿成了秦末东方战争，成为秦朝灭亡的根本原因。西汉鉴于秦朝灭亡的教训，并行郡县与分封制度，导致了"七国之乱"。西晋为了凝聚东汉末年以来各地的分治局面，实行分封制度，却最终酿成"八王之乱"，导致政权灭亡。鉴于分封的多次教训，唐、宋时期，虽然仍然分封诸王，但只给爵位，并没有土地，更不给予权力，分封制度已经名存实亡。

在这种政治背景下，朱元璋骤然违背潮流而大行分封，显然接续的不是汉人政权的脉络，而是长期被忽略的历史脉络——北族政权脉络，具体至分封制度，接续的是元朝的宗王出镇制度。在广阔的亚欧内陆，由于生态环境较为恶劣，游牧经济较为落后，因此无论是财产管理还是政治治理，都采取共享、共治模式。可汗在获得政权后，要将草地、牧民与牲畜分封给子弟。因此，虽然汉人政权的分封制度早已名存实亡，但是在内亚地区，分封制度一直存在。蒙古帝国建立后，成吉思汗便将广阔疆域分封给诸子、诸弟与功臣，其中最著名的便是四大汗国。但蒙古进入中原之后，由于汉地长期实行郡县制度，没有空闲的土地，无法再像以前那样裂土分封，因此忽必烈便实行宗王出镇制度，不再裂土分封，而是命诸子驻扎地方，享受各府州县缴纳上来的赋税，掌握地方军权。这样不仅可以加强对汉地的统治，而且能够抵制黄金家族其他支系对忽必烈系的皇位威胁，对元朝统治形成了十分有力的支持。

元朝宗王出镇制度的成功，给朱元璋实行分封制度提供了样板与信心。建国之初，朱元璋便开始推行分封制度。洪武三年（公元1370年），朱元璋在大封功臣之前，为了确立诸子与功臣之间的君臣名分，首先分封诸子。朱元璋在分封制度的设定上，虽然附会周、汉之制，其内核却沿袭了宗王出镇制度。诸王在地方上主要负责军事，如果地方发生战争，或者朝廷出现奸臣，诸王便可以节制都司卫所军队，统兵征战。

不过，对于历史上由分封导致的内乱，朱元璋也十分警惕，因此对诸王军权的设计十分用心，仅命诸王节制而非统率都司卫所军队，都司卫所军队统属于中央，而非诸王。不仅如此，诸王只有在军情发生，接到朝廷的诏书后，才能够节制都司卫所。为了规诫诸王，朱元璋还专门命儒臣搜集、编纂了前代藩王事迹，撰成《昭鉴录》一书，命诸王时刻浏览，以期达到警醒的效果。

洪武前中期，地方军权本来由开国功臣尤其是"濠梁旧雄"掌握，为了实现军权的顺利转移，朱元璋与"濠梁旧雄"之间结成了姻亲关系，而与诸王结成姻亲关系的功臣，往往驻扎于诸王分封之地。通过这种方式，朱元璋缓解了开国功臣被解除兵权的抵触情绪。洪武晚期，诸王完全控制了地方军队，朱元璋便开始大肆杀戮开国功臣，完全确立了诸王在地方军队中的领导地位。

朱元璋分封诸子遍布全国各地，其中北部边疆不仅数量最多，形成了九王守边制度，而且诸王年齿最长，北疆成为分封制度重点实行的地区。之所以采取这种安排，原因在于北疆军队担负着防御蒙古的重要职责，北疆是朱元璋最为重视的军事地区。九王之中，秦王、晋王、燕王年龄最大，分别被封于西安、太原、北平。西安地处西北边疆，秦王又经常为非作歹，在洪武中期便去世，对洪武后期的北疆军事没有实质性影响。洪武后期，晋、燕二王居于北疆的中部，掌控北部边疆甚至整个北方地区的军队，不断出塞巡逻，成为北方军队的统帅。晋、燕二王由于掌握重权，都曾生出夺嫡之心。晋王的形迹被发

现后，朱元璋曾有将之废为庶人的想法，懿文太子多方求情，朱元璋才予以宽恕。因为这个缘故，晋王改变心志，全力辅助懿文太子。但可惜的是，在朱元璋去世前两个月，晋王就去世了，北部边疆能够制约燕王的势力便没有了。

晋王朱㭎像

## 建文削藩与"靖难之役"

洪武二十五年（公元1392年），懿文太子去世，他的儿子朱允炆被立为皇太孙。朱元璋去世后，朱允炆即位，改年号为建文，史称"建文帝"。建文帝即位之后，在文官群体尤其是江浙士人的支持下，托古改制，力行削藩。削藩在其他地区都进行得很顺利，但是在燕王朱棣那里遭遇了很大阻力。建文帝命北平都司都指挥佥事张信秘密逮捕燕王，但张信反而向燕王告密，燕王从而以"清君侧"为口号举兵造反。

燕王造反之后，建文帝先后派遣残存的"濠梁旧雄"耿炳文与李文忠之子李景隆北伐，却都失败，这反映出明朝武将集团经历"胡蓝党案"的屠戮之后，军事能力甚至已经不如被朱元璋着意培养的诸王了。

在四年的战争中，朱棣依仗杰出的军事能力，统率北疆骑兵化程度较高、战斗能力较强的军队，与占据人数优势的中央军队长期僵持不下。后来朱棣接受从建文帝那里逃来的宦官的建议，改从水路率军长驱南下。驻守在南京城外的陈瑄率水师归降，谷王开启金川门，建文帝仅率领少数几名近臣潜逃出城。朱棣夺取皇位之后，蒙古草原长期流传着朱棣是元顺帝遗腹子的传说。朱元璋确实经常纳死去的部下、对手的遗孀为妻，也确实曾纳元顺

明成祖朱棣像

帝的妃子为妻，但朱棣并非元顺帝遗腹子。这则传说其实反映的是明代蒙古在复兴"大元"无望的情况下，一种心理上的自我安慰。

## 永乐开疆

朱棣即位之后，鉴于得国不正，于是大力开拓边疆。在中国历史上，有个著名的"二世现象"，就是历代王朝的第二任皇帝，或者夺取了第二任皇帝皇位的第三任皇帝，往往着力开拓边疆。为什么会形成这种现象呢？这缘于开国时期，政权在建立之初还很粗糙，制度设计不严密，内部还有很多漏洞，皇位传递中往往会出现问题。这样，

通过武力或阴谋夺取皇位者，为了弥补得国不正的形象，往往都倾向于开拓边疆，从而树立威望。秦始皇本来打算传位给长子扶苏，却被胡亥夺位，胡亥为了隐瞒自己的行径，大修长城。隋文帝立长子杨勇为太子多年，次子杨广却最终夺得帝位，杨广为了提升自己的威望，开凿大运河，修筑长城，东征高丽。唐太宗杀兄弟、逼父皇，在即位之后掀起开拓边疆的潮流。北宋太宗即位有"斧声烛影"之谜，成为皇帝之后，多次发动北伐。朱棣也是如此。

朱棣的边疆开拓，概括而言，便是向北五次进入漠北草原，三次遇敌，两次未遇敌而还，先后沉重打击了鞑靼、瓦剌与兀良哈，这也就是所谓的"五征三犁"；向南进入中南半岛，恢复对安南也就是古交趾的直接统治；向东南海域派遣郑和六次下西洋。可以说，朱棣完全改变了朱元璋在边防政策上的防御基调。

朱元璋在消灭北元之后，大规模杀戮开国功臣，改而委派诸子在北部边疆进行防御，不得擅自进入漠北。在明军的严密防御下，长期遭受打击的鞑靼与刚刚东进的瓦剌，以及归附明朝的兀良哈，都未对明朝展开大规模进攻。但"靖难之役"不仅改变了明朝的政治格局，而且改变了明蒙战略态势。在"靖难之役"中，建文朝廷对燕王采取包夹措施，为此先后抽调开平卫、宣府前卫、辽东都司、东胜诸卫的军队，对北平形成围攻态势。与此同时，燕王又以计裹挟了宁王，征调北平行都司军队南下增援北平。建文朝廷与燕王的长期内战，导致北疆防御十分空虚。借助这一时机，蒙古各部开始逐渐恢复，并不断进攻明境。此时与中央军队激战正酣的燕王，只能暂时与蒙古各部达成妥协条件，以免腹背受敌。

朱棣即位后，蒙古各部仍然不断南下骚扰明境，并向明朝索要大量物资。朱棣在"靖难之役"获胜的鼓舞下，模仿朱元璋的做法，派遣"靖难勋贵"中的第一武将丘福，统率10万军队北伐。但丘福轻敌冒进，全军覆没。从这个事例可以看出，出身于卫所一级的"靖难勋贵"与开国功臣相比，军事能力相差太远。鉴于武将群体不敷于用，朱棣只能亲自上阵，先后发动五次亲征，利用军队数量上的优势，以及从交趾获得的火器的优势，三次沉重打击了鞑靼、瓦剌、兀良哈。虽然"永乐北伐"基本实现了战术目标，但在战略上却未能彻底征服蒙古各部，仅与蒙古各部建立了宗藩关系，封鞑靼阿鲁台为和宁王，封瓦剌马哈木为忠顺王。不仅如此，为了支持连年的大规模战争，明朝耗费了大量钱粮，造成了严重的财政危机。永乐二十二年（公元1424年）正月，朱棣最后一次发动北伐，户部尚书夏原吉表示国库已空，难以为继，被朱棣下了狱。朱棣虽然多次深入漠北草原，但从一开始，便不以直接统治这一地区为目标。永乐八年（公元1410年）首次北伐时，朱棣便明确表露了北疆战略的主基调仍然是防御。"今灭此残虏，惟守开平、兴和、宁夏、甘肃、大宁、辽东，则边境可永无事矣。"这一防线甚至比洪武时期的防线更靠里，实际上也就是收缩了。事实上，朱棣一直没有恢复在大宁的军事经营，永乐末年，在鞑靼的威逼之下，甚至进一步内徙兴和卫，防线进一步内缩。

秦汉以后，历代中原王朝长期在中南半岛设置郡县，进行直接统治。五代、两宋由于国力衰弱，才改为与中南半岛结成宗藩关系。大元帝国瓦解后，原来归附于元朝的安南也开展起独立运动，并向北越过元朝疆界，占领了中国西南部分边疆。明朝建立后，朱元璋曾谕令安南归还侵占的土地，被当时的陈朝拒绝。朱元璋不愿在西南边疆大兴兵戈，于是并未征伐安南。"靖难之役"时，陈朝也发生了内乱，权臣黎氏灭亡陈朝，建立了胡朝。永乐时期，陈氏后裔陈天平前往明朝，请求朱棣出兵，恢复陈朝。与此同时，中南半岛南部的占城国也在胡朝的进攻之下，向明朝求救。而胡朝也不断蚕食明朝的西南边疆。面对胡朝的强势崛起与不断威胁，朱棣最初仍延续朱元璋制定的国策，并未有兴兵之念，而是派遣使者护送陈天平回安南，表达了和平解决的愿望。但胡朝伏兵在途中击杀了陈天平与护送的明军。在这种形势下，朱棣为保障西南边疆的安全，维护明朝在东南亚地区的宗主国权威，对胡朝发动了大规模进攻，很快便灭亡了胡朝。灭亡胡朝之后，朱棣在安南设置交趾布政司，下设郡县，从而再次恢复了中国对中南半岛的直接统治。不过，另一方面也应该注意到，朱棣在东南亚的经营较为有效，仅仅向对明朝构成威胁的安南用兵，其实是一种自我防卫，而非主动经营，相应地也未用兵其他东南亚国家。

永乐时期，朱棣对外政策的一大壮举是派遣郑和下西洋。东南亚、西亚的很多国家与政权十分震惊于郑和宝船的壮观与货物的精美，于是派遣使者前往南京，开展朝贡贸易，从而极大地扩大了明朝在海洋世界的政治影响。但另一方面，对于这些国家与政权，朱棣同样满足于建立宗藩关系，而未有直接统治的政治愿望。

可见，朱棣为弥补得国不正的形象，虽一改洪武朝内敛的疆域政策，在北方陆疆、南方陆疆与东南海疆多次开展大规模行

郑和下西洋宝船木刻画

动,但除了恢复中国在中南半岛的直接统治之外,在其他地区一直都满足于维持洪武时期已经形成的宗藩秩序,疆域政策与格局基本仍在洪武旧局中。中国古代汉人政权建立在农业经济之上,国家财政也依托于有限而脆弱的农业财政,边疆地区的气候、地形条件不适合大规模开展农业经营,从而造成边疆开拓成本较高,但收获不大,在经济上并不划算。因此,汉人政权对边疆开拓大都呈现出谨慎、有限的特征,满足于在亚洲,尤其是东亚、东南亚、中亚维持以中国为中心的松散的"中华亚洲秩序",对于积极扩张、占领周边地区并不热衷。朱棣虽然在边疆地区多有更张,但政治观念仍然局限于这一历史传统,以扩大以明朝为主宰的中华亚洲秩序为最终目的,并未有兼并、统治周边地区的政治欲望,相应地并未如同一时期亚欧大陆的其他文明那样,在全球范围内开展积极的扩张,仍只是满足于充当亚洲一隅的天下共主,而非全球化时代的开创者。虽然,此时的明朝已经完全具备了这一条件。

# "三杨"与明朝的内阁

文：赵现海

## 永乐年间的三大中枢政治集团

洪武十三年（公元1380年），朱元璋借助"胡惟庸党案"，废除了中国古代延续了2000多年的丞相制度。废相之后，朱元璋担心后代子孙复立丞相，于是将禁设丞相写入《皇明祖训》，确立为明朝的不易之制。废除丞相之后，朱元璋直接统领六部，六部负责将天下政务汇总上奏，朱元璋则负责决策。这一制度虽然能够保障皇帝对文官集团的绝对控制，但皇帝一人处理全国政务，实在劳累。即使是如朱元璋这样勤政的皇帝，每日都十分操劳，后世如果遇到稍微怠政的皇帝，全国政务就会陷入瘫痪的境地。因此，这一中枢政治体制必须要有所变通，否则很难长期推行下去。

朱棣即位后，开始设置内阁，使其部分地承担丞相的职能。所谓内阁，就是文渊阁，是明朝在宫廷内藏书的地方。朱棣入即大统，在新政权建立之初，需要发布大量诏书，于是从翰林官、中书舍人等近侍官员中选择部分亲附自己又有才华的人，进入文渊阁，起草诏书。这便是内阁的起源。可见，从最初开始，内阁便不是一个正式机构，而是皇帝选拔的秘书班子。不仅如此，随着朱棣皇位逐渐稳固，内阁七人也逐渐分化，不再从属于一个政治群体。七人中，解缙最具才气，起初也最受朱棣赏识，但由于介入朱棣诸子的储位争夺，被人用酒灌醉，埋于雪中而死。其他六人，伴随着永乐政局的发展，有不同的政治遭际，大体分属三个政治集团。

永乐一朝，朱棣因为时常北征与巡幸北京，经常不在南京。太子朱高炽，也就是后来的明仁宗，负责在南京监国。皇太孙朱瞻基，也就是后来的明宣宗，在朱棣首次北征时留守北京，充当朱棣与朱高炽之间的联络人。由于朱棣长期离开南京，部分官员跟随左右，处理朝政要务，其他多数官员便与太子、太孙一同监国、留守，负责处理朝廷庶政。这样，永乐时期，政治中枢便一分为三。一为北巡集团，包括朱棣及随从北征、巡幸北京的诸王及文武官员，文官主要是翰林官杨荣、金幼孜与胡广。胡广于永乐十六年（公元1418年）去世，该集团文官仅余杨荣、

解缙书法

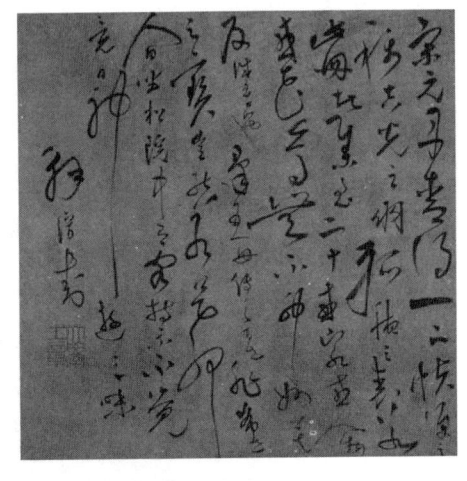

金幼孜二人。杨荣主要负责参谋军务，而金幼孜主要陪伴朱棣吟诗作赋，抒发塞外之情。二为监国集团，包括太子朱高炽，以及辅助监国的吏部尚书蹇义、兵部尚书兼詹事金忠、右春坊大学士兼翰林侍读黄淮、左春坊大学士左谕德兼翰林侍讲杨士奇等。永乐十一年（公元1413年）后，监国集团中又增加东宫洗马杨溥。由于朱棣猜忌太子，监国集团诸大臣不断遭受政治打击，黄淮、杨溥于永乐十二年（公元1414年）入狱，金忠于永乐十三年（公元1415年）去世，该集团中仅剩蹇义和杨士奇二人。三为留守集团，即皇太孙朱瞻基与他的师傅、户部尚书夏原吉在永乐八年（公元1410年）居于北京时所形成的政治集团。留守集团主要负责处理北京行政事务，联系南京与行在。

在长期的政务处理与朝夕相处中，三大政治集团内部逐渐形成认同感。由于朱棣与太子关系不睦，三大集团之间存在着一定的拒斥感。杨士奇、杨荣、金幼孜这些被后世称为阁臣的翰林官也相应地产生了分化。跟随朱棣的杨荣、金幼孜得到了升迁，而杨士奇获罪，便是一个很好的例证。在三大政治集团中，监国集团内部的认同感是最强的。这缘于太子与朱棣长期关系紧张，黄淮、杨溥、杨士奇先后获罪，前二人更是系狱10年。其间甚为凶险与艰难，太子集团协力共济，始得获全。此种命运相连、祸福与共的政治处境使监国集团内部诸人之间产生了十分深厚的感情，而对北巡集团抱有敌意。留守集团在政治立场上相对中立一些。一方面，太孙为太子之子，将来能否登基取决于乃父地位是否稳固，他认同监国集团是不言而喻的。但另一方面，朱棣不喜欢太子，却非常喜欢太孙，太孙性格类于朱棣，祖孙关系十分融洽。朱棣也让夏原吉、杨荣等朝廷重臣辅导太孙，实际上是借此培养太孙在朝廷中的势力。太孙由于曾追随朱棣北征，与北巡集团的其他成员也有较多的接触，故而对于北巡集团的立场，不如监国集团那样敌视。永乐十八年（公元1420年），明朝迁都北京后，虽然三大中枢集团一度合并，但中枢政治中的这种势力分野并未随之消失，而是延续下来，并奠定了洪熙朝的中枢政治格局。

## 洪熙朝中枢政治格局

朱棣在北征途中去世，太子朱高炽即位，是为明仁宗。三大中枢集团分立的态势失去了依托，归并为一。表面上看，洪熙中枢政治格局延续了永乐旧貌，只是将三大中枢集团加以归并罢了。蹇义、杨士奇因有翼戴之功，理所当然地进入政治中枢。夏原吉属于留守集团，又曾多次维护太子，也理应占据政治中枢的一个名额。杨荣、金幼孜作为先朝旧臣，虽属北巡集团，但并未与监国集团交恶，在朱棣晏驾之后，稳定了局势，为仁宗顺利即位提供了条件，因此二人的地位也得以保留。至于黄淮、杨溥，因长期系狱，虽为监国旧臣，但已被排斥出既成的政治格局。

虽然三大中枢集团中的固定成员都进入了新朝中枢政治集团，并未出现某一势力清洗其他势力的局面，但五位官员在政治中枢中的地位已悄然发生变化。这缘于仁宗对自己在永乐年间的遭遇记忆犹新，仍在脑海中保持着三大中枢政治集团的界限，故以人事关系为准则，重新组建中枢政治格局。

仁宗即位之后，最为重用的是蹇义、杨士奇二人。夏原吉官居户部尚书，是正二品，杨士奇作为翰林侍讲，仅为正六品，位次在夏原吉之后。仁宗信任杨士奇，便想将他排在夏原吉前面。但按照洪武祖制规定，翰林官最高可升为正五品的殿阁大学士；仁宗无法通过提升官职的形式，使杨士奇的地位超越夏原吉。面对祖制的限制，仁宗采取迂回的办法，转而倚重虚阶，重新排定五臣的地位。蹇义被授予少师之衔，从一品，为当时的最高品位；杨士奇从正六品一跃而为少傅、礼部侍郎兼华盖殿大学士，从一品，地位仅低于蹇义；夏原吉被授少保，地位低于杨士奇。三人从而位列三孤。而杨荣与金幼孜尽管在永乐时地位在杨士奇之上，但此时因为与仁宗关系疏远，让位于下，分别被授予太子少傅、工部尚书兼谨身殿大学士，正二品，以及太子少保、户部右侍郎兼武英殿大学士，正二品，仅被纳入三少序列。可见，杨士奇不仅后来居上，成功超越同僚杨、金二人，而且进一步打破阁部品位格局，带动了内阁地位的提升，只不过这种提升源于仁宗与杨士奇的私人关系，而非内阁制度的内在驱动。

在蹇义、杨士奇的职位安排上，仁宗延续了旧的制度规则，仍然尊崇吏部作为百官之首的地位，命蹇义仍居杨士奇之上。在政治运作中，蹇义的地位也高于杨士奇。"仁宗皇帝初嗣位，一切政议，预者三四人，而公居首。"

仁宗不仅借助品位制定提升了蹇、杨二人的地位，在实际决策中也最倚重此二人，但鉴于其他三人也是政治中枢成员，在朝堂议政中难以直接排斥，因此通过单独赋予二人银章密奏之权，构建另外的交流渠道，使部分事务由三人私下决断。由此可见，仁宗时期政治中枢决策体制并非依据部门，而是依据诸臣与仁宗关系的亲疏程度而建立。

### 宣宗时代的贤臣政治

仁宗去世的时候，太子也就是后来的宣宗，还在南京居守。张太后于是任命与太孙关系最好的夏原吉临时主持朝政。太子不了解这个情况，到了北京城外，看到前来迎接的朝臣中没有夏原吉，很不高兴。杨士奇等人向太子解释之后，太子才知道是有所安排。从这个例子也可以看出，太子与夏原吉二人在居守北京时形成的政治友谊长期

批红

延续了下来。宣宗即位之后，最为倚重的也是夏原吉。不过，虽然宣宗最信任夏原吉，但对于富有政治智慧的杨士奇与富有谋略的杨荣也逐渐欣赏，对蹇义也很看重。与之相比，金幼孜由于能力不足，已被排除在政治中枢之外。宣宗在中枢决策中发明了集体决策的形式，经常召见夏原吉、蹇义、杨士奇、杨荣四人，命四人先用墨笔将对奏疏的批答写在小字条上，再把小字条贴在奏疏上面，称为"票拟"。宣宗自己看过奏疏之后，如果觉得票拟意见得当，就原样照抄；如果意见有所不同，就加以修改，用红笔在奏疏上写上最后的处理意见，称为"批红"。可见，宣宗时期的中枢政治是一种跨部门的贤臣政治。

### 三杨的政治运作

永乐至宣德时期的这种中枢政治体制，在英宗即位后，发生了巨

大改变。户部尚书夏原吉已于宣德五年（公元1430年）去世，吏部尚书蹇义也在英宗即位10余日后病故。前代政治中枢中的人员仅存杨士奇、杨荣二人。张太后又将监国集团的杨溥援引进政治中枢，从而形成内阁三杨共同主政的政治格局，内阁于是从明前期政治中枢组成部门之一演变为垄断政治中枢的部门。

　　三杨主政之后，采取两大政策，维护内阁在政治中枢中的垄断地位。第一，在杨士奇的建议下，明朝开始实行对皇帝、太子进行教育的经筵日讲制度。由于经筵日讲是文官直接对皇帝与太子施加影响，与他们结成私人关系的最主要方式，因此三杨十分看重，不仅亲自参与其中，而且命自己的"老家"——翰林院的翰林官们负责具体的讲读事宜。经筵日讲最初是由内阁与六部共同负责的，但内阁极力排除六部官员参加，最终经筵日讲完全由以内阁为首的翰林官垄断。翰林官借助经筵日讲，与皇帝形成了密切的私人关系，长期基本垄断了内阁的人选。第二，内阁的核心权力是票拟，但如果皇帝勤政，经常召六部官员议政，便可以直接在朝堂上做出决策，不需要票拟。为此，

三杨，明成祖至明英宗时期的三位杨姓重臣杨士奇、杨荣、杨溥

三杨要切断皇帝与六部之间的联系，他们所采取的措施便是以英宗年幼、无法处理朝政为由，废除日常的常朝制度，政务处理改为奏疏批答，这样内阁便完全垄断了对全国政务的初步决策权。由于英宗年幼，又尊崇三杨，因此基本是命宦官将三杨的票拟原样批红。

可见，正是在三杨时期，内阁的地位才真正确立。明中后期，内阁也一直延续三杨的政治做法，极力控制经筵日讲，切断六部与皇帝之间的密切接触，从而维护自身在政治中枢中的独大地位，并在时机具备之时，不断通过人事安排与权力斗争控制六部长官，甚至干预六部政务，从而实现内阁对六部的权力渗透。明朝，尤其是明朝晚明，内阁与六部的权力争夺，根源便在于此。

但另一方面，虽然内阁权势逐渐提升，但从始至终都不是法定意义上的丞相，只是协助皇帝处理政务的秘书，而不是统领百官的文官之首。内阁只有议政权，而无最终的决策权，更无执行权，一直无法直接指挥以六部为首的文官集团。万历初年，张居正主政，推动内阁权势达到空前绝后的地位。张居正改革考核制度，由内阁对六科进行考核，而六科负责对六部进行考核，借此实现对六部的制度化管理。但这一制度自出台之日起，便遭到六部的强烈反对。张居正去世后，六部也将此作为张居正的罪状之一，该制度也相应地被废除。

明朝由于不设丞相，内阁、六部、宦官，甚至与皇帝有其他私人关系的政治群体，都想填补这一权力空缺，通过各种方式谋求进入政治中枢，从而在客观上加剧了明朝的政治斗争，助长了明朝党同伐异的政治风气，这是明朝政局长期处于动荡状态的根本原因。有鉴于此，黄宗羲在总结明朝灭亡的教训时，做出了一个广为人知的判断："有明之无善治，自高皇帝罢丞相始也。"

# 多面的宦官与被误解的历史

文：赵现海

　　宦官的身影在世界古代政治中并不罕见。但很少有国家出现像古代中国这样的现象，即宦官在政治生活中长期发挥重要影响，甚至专制朝政，乃至废立皇帝。中国古代宦官之所以扮演着如此重要的角色，是因为中国古代长期实行君主专制制度，皇帝不仅需要大量宦官服务宫廷，而且需要培植完全听命于自己的势力，以牵制庞大的官僚集团。宦官作为皇帝的奴才，权力完全来源于皇帝，因此是皇帝完全可以信赖的一支私人政治势力。

　　虽然宦官在中国古代一直拥有不可小视甚至巨大的政治能量，但是在不同时期，却呈现出不同的历史特征。与汉唐时期能够废立皇帝的宦官相比，明朝宦官的权势无疑低落了很多，即使是像魏忠贤这样能够专制朝政的权宦，也只能在崇祯帝的一纸诏书面前，选择自尽于道路一旁。但与汉唐宦官相比，明朝宦官对于政治乃至社会的影响，更为全面而深入，宦官的形象也展现得更为充分与多样，这对于真正认识他们有很大帮助。

## 从遗迹解读明朝宦官政治

北京的西郊埋葬着许多明清时期的宦官，这是因为西郊是香山所在，上风上水，不仅风水好，而且寺院很多。宦官由于没有子嗣，不仅在世时积极布施，而且死后也多埋葬在寺院旁边，希望能够借此进入西方极乐世界，弥补无人祭祀的遗憾。在如今的北京石景山模式口大街，便建有一座宦官文化陈列馆，这可能是中国唯一的宦官主题博物馆。

模式口村有些像陶渊明笔下的桃花源，当人们循着两旁是高高山墙的大街走了许久，心生疑惑不知何向时，蓦地出现了一个路口，路牌上标"模式口大街"。拐进路口后，外界的喧闹全然消失，世界突然安静下来，面前也豁然开朗，弯曲的街道，破旧的四合院，路旁不时出现一些断碑残磨。一座古建筑的墙壁上用墨笔写着"恒德成记布店洋货发庄"，应该是民国年间的一家布店旧址。一切都仿佛是另外一个天地，似乎模式口村是藏在一个不为人知的时空里，有着自己的进化历史。

在这个保留了很多老北京风韵的小村子里走了许久，街道边忽然出现了一座高高的石牌坊，原来是明后期大太监田义的坟墓所在，现在被开辟为北京宦官文化陈列馆。明朝太监的陵墓，除了魏忠贤在香山的

田义墓园石门

衣冠冢之外，就要数田义墓最为奢华了。墓地遗址中不仅保留了田义与其他几位明清太监的坟墓，而且保存了大量碑刻，里面记载了田义诸多的名头与事迹。许多碑刻都是万历皇帝御制的。田义墓碑十分高大，上面的装饰是皇室才可以使用的龙形图纹，"僭越"之至，可见一斑。与之相比，旁边的一座矮了许多的清朝道光年间的太监墓碑上仅有二鹿。从这里也可以看出，明清太监的地位真有天壤之别。

置身于田义墓中，看着万历时期内阁首辅申时行为田义撰写的充满褒奖的碑文，你很难把田义想象成一个负面的政治人物，只会在这方安静的空间里，静静凭吊这位曾经权势显赫的历史人物。在田义墓旁边的法海寺里，你同样会有这种感受。那里有两座高大的石碑，上面书写着景泰时期宦官李童修缮法海寺的功绩，其中一方碑文是当时的六部长官之首、文人领袖吏部尚书王直所写。在正史里，我们看到的都是士大夫与宦官之间的剑拔弩张、势不两立。而在另外的历史空间里，我们看到的却是两种政治势力的和谐相处。历史就是这样充满着多面性。

给人感觉更为复杂的是智化寺。智化寺初建于正统八年（公元1443年），由宦官王振模仿唐、宋"伽蓝七堂"所建，最初是王振的家庙。"土木之变"中，王振被杀，明英宗被俘。一年之后，英宗被瓦剌释放。"夺门之变"后，英宗复辟登基，重修智化寺，将其改名为报恩智化寺，作为祭祀王振的场所。

在我们以往的印象中，王振为了邀取边功，树立权威，蛊惑英宗亲征，最终导致"土木之变"，明朝因此遭遇巨大危机，英宗也被俘虏。按照这样的叙述，英宗应该十分痛恨王振，但智化寺的存在，彻底颠覆了这一历史叙述。

智化寺位于北京东城区禄米仓胡同。北京很喧闹，但走在北京的胡同里，却一下子安静下来，而智化寺更为安静。虽经历代多次修葺，但智化寺的梁架、斗拱、彩画等仍保持着明朝早期的特征，寺内管理人员甚至说，连大殿里的灰尘都是明朝的。智化寺自山门向里走，依次为钟鼓楼、智化门、智化殿及东西配殿，也就是

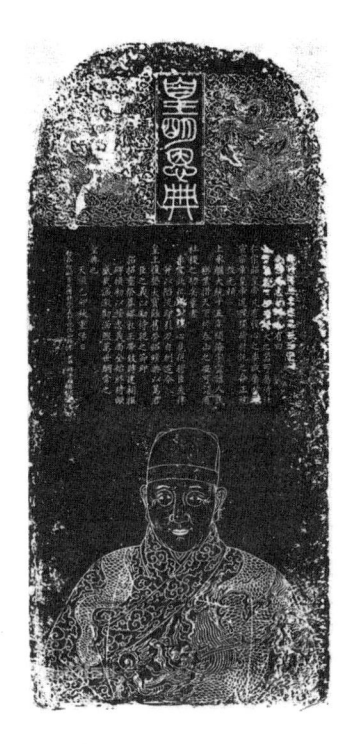

智化寺王振石刻像

大智殿、藏殿，再向里是如来殿、大悲堂等，肃穆而沧桑，在喧闹不堪的北京市区，无法想象能有如此宁谧的空间。院落中有一株海棠，静静地开放。在这种环境里，看着历史上遗留下来的王振的石刻像，宛如一个标准书生，很难把他与史书中的大奸大恶联系起来。

## 明朝宦官制度的演变

明朝宦官最大的特征是制度化，中央设立了二十四衙门，地方军政要地设置守备太监、镇守太监、分守太监、监枪太监，宫廷临时有

事，还会派出不同名目的太监。总之，上到中央，下到地方，明朝宦官构成了听命于皇帝、自成体系的宦官系统，从而与文官系统、武将系统形成"三轨"并立的政治格局。明朝宦官权势很大，却无法对皇权造成威胁，原因在于宦官始终没能掌握军队。无论是中央军队还是地方军队，一直由宦官、文官、武将共同掌握，三者之间互相制约，谁都无法成为挑战皇权的政治力量。

洪武时期，朱元璋要建立朱氏皇族"家天下"的格局，他所信赖的是诸王，对宦官要求很严格，虽然也有派遣宦官出使、阅军之事，但事权都很轻微。建文帝复兴文治，对宦官约束很严，这才有宦官叛逃到朱棣那里，汇报南京防御空虚之事。宦官权势大幅增长，是在永乐时期。朱棣以武力夺取帝位，担心官僚集团会有叛乱的事情发生，因此在中央设置东厂，专门监督官僚系统；在地方设置镇守太监，监督各地掌握军权的总兵官。仁宗、宣宗时期，明朝政权已经十分稳固，两位皇帝又致力于复兴文治，因此宦官权力有所下降。宣宗喜欢玩乐，经常派遣宦官到地方上采办珍稀物品，给地方上带来了很大压力。有一个故事叫作《促织》，描写了宣宗喜欢斗蛐蛐，蛐蛐也就是促织，宦官命百姓上贡促织。一个男孩不小心放跑了父母捉的促织，害怕之下自杀了，但并没有死去，昏迷中变成了一只促织，被父母献给了宣宗，斗败了所有促织。最后男孩的父母受到重赏，男孩也得以苏醒。

正统时期，宦官才开始进入政治中枢。张太后鉴于英宗年幼，将朝政完全托付给内阁的三杨，但又担心大权旁落，于是扶持在宫中负责教育英宗的王振充当司礼监秉笔太监，名义上是让他代理批红，其实是以之牵制内阁。因此，明清史专家李洵认为司礼监实际上是宫廷的"内内阁"，而内阁是"外内阁"，内阁与司礼监就是一对双胞胎。

随着三杨的老去，王振的势力逐渐上升，他在正统后期实际上控制了朝政，成为明朝第一位权势显赫的宦官。王振虽然权势很大，但对于文官集团相对还是较为尊重的，尤其是对同乡的大儒薛瑄不断拉拢，但薛瑄一直刻意与王振保持距离。王振恼羞成怒，找了个机会将薛瑄下狱，并要将其处死，但最终还是听从老仆的劝谏，把薛瑄放了。

王振在历史上最大的恶名，来源于"土木之变"。其实"土木之变"的发生与王振并无直接关系，而且有很大的偶然性。明朝以武开国，洪武、永乐、宣德时期，都曾在蒙古高原取得重大胜利，成祖与宣宗都曾亲自北征。因此，明朝对蒙古一直都有一种心理优势，认为自己是打得过的。15世纪中期，瓦剌陆续打败鞑靼、兀良哈、女真与哈密，统一了亚洲内陆东部的广阔地区，力量达到极盛。对于瓦剌的强势崛起，明朝并不清楚，因此在瓦剌南下之后，当时已经成年，完全具有决策能力的英宗决定效仿成祖、宣宗北征。但令人意外的是，正统时期战斗能力最强的宣府军面对瓦剌的攻势，由于武将的懦弱，突然崩溃，瓦剌从而越过宣府防线，直奔英宗所统率的大军。英宗惊慌之下决定班师，在行至土木堡时，决定临时驻扎，取水休整，结果

宣府镇，出自《皇明九边考》

遭到瓦剌军队的突袭，明军自相踩踏，导致了"土木之变"的发生。可见，王振虽然在英宗北征之事上采取鼓动立场，但英宗当时已经成年，应该是他最终做出了北征的决策。如果完全是因为王振蛊惑，英宗不可能在经历了被俘、失去皇位、政权险些沦亡之后，仍对王振念念不忘。

我们当前所看到的明朝宦官的事迹与形象，都是士大夫有意记载下来的。在中国古代，士大夫负责历史书写，往往采用春秋笔法，将一些政治反对派写得非常负面，尤其是把不通过正常途径进入政治领域、对自身权力又构成直接冲击的宦官群体都写得很坏。其实人上一百，形形色色，任何政治群体里都有好人，也有坏人，而士大夫与宦官的私人关系，其实大都是不错的，权势比较大的宦官捐建寺庙的碑文或者死后的碑文，大都是由当时著名的文官所写。

为了更好地让宦官承担起协助皇帝处理政务的职责，从宣德时期开始，明朝便设置了内书堂，专门延聘当时的名儒充当老师，教授宦官。一些宦官在儒家经典的影响下，形成了类似儒士那样的政治观念。比如明孝宗非常惧内，张皇后禁止他纳妃。因此，孝宗最后只有一个儿子，也就是后来的明武宗。张皇后有两位兄弟，依仗姐姐的权势，经常出入后宫。当时有一位叫何鼎的宦官，对孝宗说："二张大不敬，无人臣礼。"张皇后很生气，问何鼎是谁主使他说这种话的。何鼎说："孔子、孟子也。"最后，何鼎被张皇后打死了。

宦官集团内部也不是牢不可破，比如正德前期，宦官群体中权势最盛的是"八虎"，即八名宦官，刘瑾便是其中最有势力的。正德三年（公元1508年）某日，早朝时出现攻击刘瑾的匿名书帖，刘瑾便惩罚众臣在烈日底下暴晒，有人因此中暑而死。宦官李荣看不下去了，给群臣送去冰镇西瓜，又对群臣说，书帖写的都是为国为民的事情，这是好男儿应该做的事情，是谁做的为何不承认呢？李荣因此得罪了刘瑾，被刘瑾发逐到南京。即使是"八虎"内部，也多有矛盾，刘瑾最后便是被"八虎"之一的张永设计除掉。张永在政治上很有作为，不仅平灭了安化王叛乱，而且和当时的名臣杨一清、王阳明等人关系十分密切。

## 批红与监军

明朝二十四衙门中，权力最大的是司礼监、东厂与御马监。司礼监负责代替皇帝批红，东厂负责侦查官僚机构，御马监负责管理宫廷马匹。司礼监的批红权，只是皇帝忙碌不愿批答奏疏时，才让宦官代劳，决策权仍掌握在皇帝手中，皇帝随时可以收回。只有部分不喜处理政务的皇帝，比如武宗与熹宗，才较为固定地让宦官批红，对批红内容也不怎么审查。即使如此，司礼监批红也不能完全由自己做主，一般情况下都要尊重内阁的票拟，不能有大的改动。因此，权势较大的宦官不仅注重批红权，同时注重控制内阁，通过左右阁臣的人事选择，里应外合，才能真正专制朝政。比如刘瑾、魏忠贤都是如此。

至于地方各级宦官，主要负责监军，承担皇帝耳目的功能，对于地方军政事务虽有干涉，但基本尊重文武官员的军政权力。地方各级宦官的一个职责，是进献地方的各种珍稀物品。中国古代文武官员虽然听命于皇权，但也有大臣的立场与气节，对于皇室在规定以外的各种需求，如果认为会劳扰百姓，就可能会加以拒绝。但宦官作为皇帝的私人奴仆，完全听命于皇室，较少有政治顾虑，因此是为皇室搜罗地方珍稀物品的主要力量。

明朝宦官的制度化，要求文官集团、武将集团在政治运作中必须保持与宦官集团的合作关系，否则便会遭受宦官集团的打击，而无法在政治上有所作为。而在长期的政治合作中，文武群体甚至与宦官集团形成了较好的私人关系。比如正德、嘉靖时期曾先后充任吏部尚书、阁臣的杨一清，便与张永在政治上合作密切，成功平定了安化王叛乱。而且两人私交很好，张永的墓志铭便是由杨一清所写，杨一清甚至因此被诬陷接受贿赂，最终悲愤而死。张居正改革之所以能够成功，与他联合宦官冯保，二人一内一外，共同主持政局有关。因此，明朝士大夫群体虽然在历史书写中，从儒家立场出发，对宦官秉持激烈的批判态度，但在政治运作与个人感情上，却呈现出截然不同的价值取向。明朝文官、武将、宦官三种政治势力之间长期保持了既斗争又合作的双向关系，从而长期维持了明朝政局的稳定。这反映出明朝的专制政治在借鉴前代经验教训的基础上，进一步发展与完善，走向了更为成熟的阶段。

# 王阳明的疏离与完美

文：赵现海

俗话说金无足赤，人无完人，但如果从儒家立德、立言、立功"三不朽"的人生理想来看，王阳明已经在各个方面做得堪称极致而完美了。而这份完美，源于他一直对社会主流有一定的疏离与批判，从而拥有自己独立而清醒的判断。

## 幼年传说

王阳明，名守仁，字伯安，浙江余姚人，因曾筑室于会稽山阳明洞，人称阳明先生，是明中期的思想家、文学家、政治家与军事家。

王阳明像

王阳明的父亲叫王华，因曾读书于龙泉山，人称龙山先生，官至礼部左侍郎。王华不仅为人耿直，在担任经筵讲官时讽喻宦官干政，而且诗文隽永，著有多部著作。

王阳明是王华的长子。据说王阳明出生之时便与众不同。与王阳明很早便成为好友，也是同时代大儒的湛若水、黄绾，在王阳明死后分别为他撰写墓志铭与行状，都记载了王阳明出生之时，其祖母梦见神人穿着绯色玉带，在云中一边演奏乐曲，一边将一个男孩送给她，醒来之后，便听到了王阳明的初啼之声。王阳明的祖父对此感到非常奇怪，于是为王阳明取名为"云"。不过，与出生时的神奇相比，王阳明发育很迟缓，直到五岁还不会说话，家人非常着急。据王阳明的弟子钱德洪撰写的年谱记载，一位道人看到了王阳明，叹惜道："好个孩儿，可惜道破。"原来"云"这个名字道破了天机，作为惩罚，上天不让王阳明说话。王阳明的祖父知道后，将他的名字改为"守仁"，果然王阳明便开始说话了。一说话便不同凡响，把祖父平日所读之书背诵了出来。原来王阳明虽不能说话，却十分聪慧，过耳不忘。关于幼年王阳明的种种传说，应源于王阳明不仅建立了不世之功，而且开创了"王学"学派，在世人尤其是王门弟子眼里，宛如神一般的存在，因此被演绎出各种神奇的故事。

## 不寻常的少年

少年时期，王阳明便表现出与一般士人不同的价值取向，他对当时士人热衷的科举考试保持一定的疏离态度。在中国古代，通过科举进入仕途，是每个读书人的梦想，为此不惜十年寒窗。但科举制度行之既久，逐渐呈现出僵化的弊端。明朝的科举考试以四书五经为内容，由朱熹编订的四书是考生必考科目，而五经只需要选择一经。在这种制度规定下，明朝士人往往选择一经之后，便不再理会其他四经，每日背诵四书一经，不断演练科举范文，也就是"时文"，却对系统阅读、了解儒家知识体系不感兴趣，更遑论诸子百家的思想学说了。明朝由此出现士人热衷科举，却不甚读书，甚至很少读书的矛盾现象。由于对儒家思想体系了解较少，许多士人并无自身的独特见解，而是在朱熹的思想体系中寻章摘句，亦步亦趋。部分有一定见识的士人，不愿思想受到束缚，通过阅读儒家原典，逐渐形成自己的思想观念，却往往由于与朱熹的经典思想相左，反而不容易取得科举成功。在这种时代风气下，不仅儒家学说的发展受到了严重阻碍，科举考试也逐渐失去本义，许多优秀士人不能通过考试被选拔，甚至有主动放弃科举者。

少年时期，王阳明便问塾师，什么是人生第一等事，塾师回答："惟读书登第耳。"王阳明却表示反对，认为："登第恐未为第一等事，或读书学圣贤耳。"他明确表达了将求学问道作为人生追求的价值取向。既然将通晓儒家学说作为志向与追求，王阳明便不将所学局限于程朱理学，在实践朱熹提出的格物致知之法，而未领悟道之精髓后，王阳明开始对程朱理学提出质疑。

事实上，这一时期王阳明想要学习的内容，并不限于儒家学说，还包括文学辞章、骑射阵仗。文学辞章虽然是唐朝科举考试的核心内容，但自宋朝以来，科举考试内容就演变为儒家义理，诗词歌赋相应地成为士人在茶余饭后抒发闲情逸致的个人兴趣，所受到的关注度大为下降。不过，王氏家族作为书香门第，仍然对文学辞章很重视，王阳明在这一家学环境下，自幼便在这方面表现出十分杰出的资质与能力，出口成章。他一生写下了大量的文学作品。

许多回忆王阳明的记述，都记载王阳明"喜任侠"，即热衷于骑射阵仗。王阳明这一爱好，在当时具有一定的普遍性。明中期，明朝逐渐进入多事之秋，不仅蒙古不断发动对明朝的进攻，而且明朝内部也时常发生农民叛乱。面对日益动荡的社会局面，许多有识之士开始关注战争与武备。少年王阳明也察觉到了这种时势变化，于是经常与小伙伴一起演练两军作战。其实在这个年纪，每个男孩心中都有一个征战沙场、建功立业的梦想，古往今来都是如此，只是王阳明借助家中丰富藏书的优势，得以遍读兵书，"凡兵家秘书，莫不精究"，从而培养出良好的军事素养。王阳明的射术很厉害，在平定朱宸濠叛乱后，江彬这些边疆将领觉得王阳明抢了自己的功劳，就让王阳明在演武场上射箭，目的是让王阳明出丑。结果王阳明一发中的，甚至连边军都叫起好来。

王阳明《与郑邦瑞尺牍》，现藏美国普林斯顿大学美术馆

## 初入仕途

可见，与同时代的士人相比，王阳明并未完全按照社会的轨辙前行，而是与社会主流保持一定的距离，从而维持了自己的独立思想。但他也为此付出了一定的代价，在第一次会试中，他名落孙山。不过，与其他愤而就此放弃科举的士人不同，王阳明对科举是采取疏离而非离弃的态度。王阳明凭借自己的聪慧，在28岁时便考中进士，先是在工部观政实习，次年观政期满后，改去刑部任职，被授予云南清吏司主事，后来又改任兵部武选清吏司主事。

与其他士人科举考中之后便竞逐名利不同，王阳明对仕途也保持着若即若离的态度。虽然获得了科考成功，但王阳明仍对程朱理学心存疑惑。鉴于一时难以从儒家内部寻找解决、超越之道，王阳明转而向另外两大思想体系——道家、佛教寻求思想滋养，不仅曾在迎亲途中跑到道观与道士通宵畅谈，忘记了娶妻之事，而且萌发出辞官出世之念，从而在会稽山阳明洞修炼导引之术。但作为深受儒家影响的世家子弟，王阳明最终在世俗人伦观念的牵绊下，决定仍留在万丈红尘之中。

虽然决定入世济民，但王阳明并未完全认同现实的政治规则，而是从儒家士大夫的立场出发，保持对权势的批判意识。弘治十八年（公元1505年），明孝宗去世，年轻的明武宗即位，重用与他一起玩耍的宦官。朝中文官掀起巨大的反对声浪，大量朝臣因而被武宗罢免官职。在这一政治事件中，也出现了王阳明的身影，他为拯救同僚而上疏弹劾刘瑾，结果被廷杖五十，几乎死去，而后被贬官到贵州龙场驿做驿丞。对于王阳明的弹劾，刘瑾一直怀恨在心，派人沿途追杀。王阳明将衣帽投入江中，伪装自杀，才逃过一劫。

## 龙场悟道

虽然人类渴望幸福，但困难始终伴随。幸福的彼岸虽然吸引着人们不断前行，但途中所经历的困难更能激发人们的斗志。19世纪的英国历史学家卡莱尔对历史上的英雄主义进行了系统阐释，他认为决定历史的英雄们在成功之前，都遭遇过巨大的困难，为克服困难而进行的退思与内省，进一步激发出更大的思想力量，最终推动英雄们走向历史的前台。而王阳明在龙场的经历，也印证了这一道理。

在被贬谪之前，王阳明虽然决定留在官场，但其思想体系不仅十分散乱，而且充满矛盾。这一时期，他还只是一位儒学的接受者，而不是发明者。在偏远贵州的连绵群山中，他远离了他所熟悉的江浙繁华与官场喧嚣，与世俗社会愈加疏离，从而得以沉淀与思索，最终将之前所学所思融会贯通，形成了自己的思想体系，这便是王学史上著名的"龙场悟道"。王阳明领悟到理向心求，心若自足，便不假外求的道理，从而将自己从人生的巨大挫折中解脱出来。这一观点与朱熹倡导的心、理二分，以心求理不同，王阳明认为心便是理，理便是心，知行合一，从而将理学从外在追求转为内在诉求。这一理念有助于缓解正德时期士人群体在政治打压之下的内在挣扎，使之求得心灵的安宁与解脱，从而以更为释然的心态面对政治与社会。因此，王学属于南宋陆九渊开创的"心学"进一步发展的结果。三年之间，王阳明在龙场不断招收弟子，王学开始逐渐形成。三年后，王阳明离开了龙场，不断升迁，但龙场的经历成为他构建自身学说，也即"立言"的重要转折点。

## "三不朽"的实现

正德时期，兵部尚书王琼虽依附宦官集团，但颇有才干，他发现王阳明有济世之才，便举荐他充任南赣巡抚，弹压那里多次叛乱的边疆族群。南赣地处江西、湖广、福建、广东之间，山岭崎岖，地形复杂。王阳明到任之后，改革兵制，在当地向导的引领下，连破40余寨，斩首7000余人，取得了重大胜利，稳固了明朝对南方边疆的统治。王阳明在南赣一边用兵，一边讲学。在他看来，通晓儒学真义比用兵平叛更为艰难，"破山中贼易，破心中贼难"。他向众多门生传播王学之理。

正德十二年（公元1517年），王琼鉴于宁王朱宸濠有反叛之意，改授王阳明提督南赣等处军务，赋予其更大的兵权，从而在江西埋下了一支伏兵。正德十四年（公元1519年），朱宸濠发动叛乱。王阳明得知消息后，第一时间采取应对措施，伪造兵部公文，诡称已经调集各路兵马围攻朱宸濠的老巢南昌，同时使用反间计，分化叛军内部的关系。受到王阳明一系列行动的影响，朱宸濠迟迟未敢离开南昌，10余天后才开始进攻安庆。而王阳明趁南昌空

王阳明平定朱宸濠叛乱后在庐山南麓秀峰境内勒石记功，称为《纪功碑》

虚，攻破此城，并与回师救援的朱宸濠交战，取得胜利，迅速平灭了叛乱。与旷日持久的"靖难之役"相比，王阳明在很短的时间内取得如此重大的胜利，堪称立下了丰功伟绩，因此被封为新建伯。一般儒士能够通过修身以立德，创建学说以立言，但很少能立德、立言、立功三者兼备，而王阳明便实现了这一点，堪称完美。历经诸多兵乱之后，王阳明的王学思想又有新的发展，这集中体现在他所提出的"致良知"理论上。他提出学习一切学问，都是为了获取良知，人人心中皆有良知，知行合一便是将良知推广到其他事物上，从而实现儒家理想世界。

明世宗即位后，王阳明居丧回乡。在这一时期，发生了对明后期历史影响甚大的"大礼议"，与王阳明思想主张相同的他的众多好友或门生，都加入"大礼议"中，用王学反对以阁臣杨廷和为首的朝臣所主张的程朱理学，官僚集团开始急剧分裂，明后期党争由此开始。虽然江湖处处有王阳明的传说，但王阳明还是决定远离江湖。他对这场政治纷争一直保持着远离的态度，即使议礼中有人请他发表意见，他也明确表示拒绝。他对这种政治斗争十分反感，认为政权应该将注意力放在已经危机四伏的危难时局上。"无端礼乐纷纷议，谁与青天扫旧尘？"居家无事，王阳明继续收徒讲学，并进一步发展、完善了王学，提出了著名的四句教："无善无恶是心之体，有善有恶是意之动，知善知恶是良知，为善去恶是格物。"

嘉靖六年（公元1527年），明世宗征召王阳明总督两广军务。王阳明在这一地区采取剿抚两种措施，先后平灭思田、八寨、断藤峡的族群叛乱，并实行改土归流，加强了明朝对西南边疆的直接控制。

嘉靖七年（公元1528年），王阳明肺病加剧，上疏朝廷，请求辞官。对此，明世宗未有批复，王阳明于是径直回朝，在归途中去世。

弥留之际，弟子询问王阳明的遗言，他回答说："此心光明，亦复何言？"王阳明未接朝命而擅离职守，让世宗十分生气，吏部尚书桂萼上疏弹劾王阳明，认为王学是颠覆程朱理学的"邪说"。世宗于是将王学定性为"伪学"，禁止传播。但嘉靖、隆庆时期，王门弟子不断传播王学，并在隆庆时期成功为王阳明平反昭雪。万历时期，又成功将王阳明列入陪祀孔庙之列，王阳明在儒学发展史中的地位由此得以完全确立。

回顾王阳明的一生，他一直在思想、政治领域，对社会主流保持一定的疏离，从而得以维持独立的思想，去创建学说、建立事功，得以实现儒家的"三不朽"人生理想，成为中国古代儒学发展史上的一位完美人物。

王阳明墓

# "倭寇""板升"与走向远方的明人

文：赵现海

## 边禁政策与汉人逸出

蒙古帝国瓦解后，亚欧大陆各文明展开扩张潮流，无论是国家还是民众，都不断地走向远方。与其他文明不同，明代中国在对外取向上呈现出国家与社会分离的历史态势。在商品经济逐渐发达的经济趋势下，在南宋以来远洋贸易的历史传统下，明代中国民间社会一直具有自发地、积极地扬帆南洋，甚至远洋航行的内在驱动力。但与这一时期基督教文明、俄罗斯文明、伊斯兰文明国家大力支持民间类似行为的做法不同，明朝在拥有堪称当时世界上最强的军事、经济实力的情况下，对西北陆疆开拓与东南海疆经略缺乏兴趣，并且禁止民众出境贸易。其表现有二：其一是在东部沿海实行"海禁"政策；其二是在北部边疆修筑长城，在防御蒙古骑兵南下的同时，也防止汉人潜逃蒙古草原。

明朝这种边禁政策虽然在明前中期产生了很大影响，但仍然有不少民众开展境外走私贸易，不仅东南沿海民众不断"下南洋"，而且北方汉人也不断越过长城，与蒙古部落展开走私贸易，或者干脆归附蒙古部落，成为"蒙古人"。明前中期，前来向明朝朝贡的周边政权或族群的使团中，充斥着大量汉人的身影，汉人普遍担任翻译，甚至直接充任使者。而蒙古各部南下明境，也多由汉人充当向导。

进入明后期即正德以后，由于明武宗荒废政务，喜爱游玩，明朝统治受到一定的削弱，不仅宗室内部先后出现安化王叛乱、宁王叛乱，而且民众开始掀起农民战争，比如赵燧叛乱、刘六刘七叛乱。同时，汉人向外逸出的现象更加频繁与普遍。嘉靖时期，这一潮流进一步加剧，东南民众大量潜入东亚海域，为掩人耳目，借用元明时期一直活跃于东亚海域的日本武士的"倭寇"身份；北方汉人则大规模潜逃至长城以外，种田盖屋，开始形成规模庞大的定居农业社会，被蒙古人称为"板升"。

### 倭寇的产生

"倭"是西汉以来中国对日本的称谓。12世纪以后，日本进入幕府执政时期，不同政治势力之间不断发生战争，大量武士脱离国家的管束，进入东亚海域，以抢掠商船、骚扰中国东部沿海为生，从而被元明时代的中国人称为倭寇。明朝建国初期，倭寇曾对辽东半岛发动过几次进攻，辽东镇防御的对象之一，便是东北亚地区的倭寇。此后，倭寇虽然不时有进攻东部沿海之举，但为祸并不甚大。

嘉靖时期，伴随着中国东南沿海的海商加入倭寇的行列，倭寇的势力飞速发展，而其领袖也一直由中国海商担任，由此可以看出倭寇实以中国人为主。东南海商之所以加入倭寇行列，是因为在全球经济早期一体化的驱动下，为了发展海外贸易，需要突破明朝的"海禁"政策，他们从而采取了武装化的方式。

嘉靖中期，距离哥伦布发现新大陆已有半个世纪，西欧商人借助新航路的开辟，不断用掠夺的白银与其他国家的商人进行经济贸易。明代中国作为当时世界上最发达的国家，由于经济体量的大幅增长，急需大量白银充当货币。这一时期，东西方社会形成规模巨大、交流密切的贸易体系，属于全球经济早期一体化的重要内涵。但对于这一国际形势变迁，明朝仍局限于传统视野中，并未改变原有的"海禁"政策，仍对民间海外贸易采取打压态度。

明《倭寇图卷》中的战斗场景

在这一时代背景下，东南海商遂将海外贸易的据点转向明朝管辖区之外，利用所掌握的经济力量，不断开辟岛屿，用作与葡萄牙、日本海商开展跨国贸易的据点。为了对抗明朝官方的缉捕，东南海商建立起武装组织，并招诱日本各岛武士，进攻明朝东南沿海，从而加入倭寇的行列。

## 倭寇的平定

在诸多岛屿中，位于今浙江舟山的双屿港是东南海商走私贸易的中心据点，也是当时亚洲地区规模最大的商贸港口，被称为15世纪的上海。但双屿港的命运在嘉靖二十七年（公元1548年）发生了巨大改变，奉命平倭的浙江巡抚朱纨攻破了双屿港，擒获了东南海商的头目许栋，用木石堵塞双屿港周边海域。经此一役，双屿港在繁华的顶峰骤然失去往日的光彩，彻底荒废。

许栋被杀后，属下徽州歙县人汪直统领余众盘踞五岛，与徐海等联合日本各岛，"直初诱倭入犯，倭大获利，各岛由此日至"，进攻东南沿海。"时歙人汪直据五岛煽诸倭入寇，而徐海、陈东、麻叶等巢柘林、乍浦、川沙洼，日扰郡邑。"而汪直被称为"老船主"。

在严嵩党羽赵文华的举荐下，明世宗派胡宗宪总督南直隶、浙江等地军务，剿除倭寇。胡宗宪是徽州绩溪人，与汪直是同乡，他打算凭借同乡之谊招降汪直，为此释放了汪直的母亲与妻子。对于胡宗宪的招降，汪直十分心动，派遣义子汪滶到军中表白心迹。汪滶不仅协助胡宗宪进攻倭寇，而且将徐海等人的行迹告知胡宗宪，从而使明军三战三捷。徐海在胡宗宪的招抚下，擒获陈东、麻叶，前来归降，最

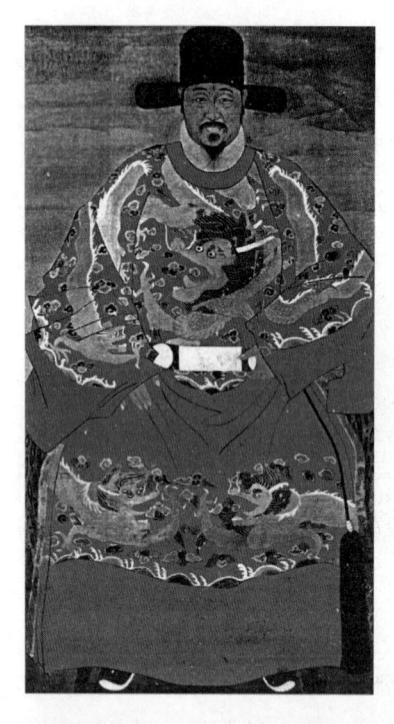

戚继光像

终却遭到陈东余党的进攻，投海而死。俞大猷用兵灭倭残众，胡宗宪由此平定了浙江倭乱。

浙江倭乱平定之后，在胡宗宪的多次招降下，汪直也前来归附。朝臣多主张处死汪直，胡宗宪只能屈从政治舆论。汪漱等人愤恨之下，迁徙于柯梅岛，造大型战船，转而向南进攻福建、广东、江西，一时东南沿海处处遭到进攻。而胡宗宪也在严嵩被扳倒之后，下狱而死。在抗击倭寇的过程中，涌现出戚继光、俞大猷等著名将领。戚继光鉴于明军废弛已久，多不能战，故而仿照长城沿线招募士兵的方法，在听闻义乌人驱逐外地人私开银矿的消息后，认为当地民风彪悍，便到当地招募士兵，结合东南沿海湖泊众多的地形，进行有针对性的训练，从而形成了战斗力十分强悍的"戚家军"。戚继光、俞大猷在浙江、福建取得了多次胜利，倭患逐渐平息。

明世宗去世后，太子即位，是为明穆宗。穆宗在东宫时，并不为世宗所喜，父子之间有很深的矛盾。因此，穆宗即位之后，对嘉靖时期的政策多有变革。隆庆元年（公元1567年），福建巡抚许孚远上奏，指出倭寇的实质是"海禁"政策导致民众被迫武装起来，"市通则寇转而为商，市禁则商转而为寇"，从而主张开放"海禁"。穆宗接受了这一建议。东南海商取得海外贸易的合法地位之后，放弃了军事武装，倭寇由此逐渐绝迹。

## "草地自在好过"

在东南沿海民众冲破一切阻挠，扬帆远洋的同时，北方边疆民众也不断逃入蒙古草原。与倭寇充满贬义，但其中的华人并非主要是为了挑战明朝的统治秩序，而是为了追求经济利益不同，进入草原的汉人虽然被客观地称作"板升"，但除了保障生存，确实还有挑战明朝统治秩序的政治追求。明前中期，蒙古高原便已有大量汉人，有的是被掠夺过来的，有的是主动到草原来的。正德时期，韦州长城边上的一段对话生动地刻画了逃入草原的汉人的价值观念。正德年间，陕西三边总制王琼命宁夏镇将粮食运往甘肃镇，边墙之外的蒙古部落听到边墙以内有不断运输的声音，便派遣部众前来侦察，而其中一人在与明军的对话中，承认自己本是宁夏镇韦州人，只是因为"韦州难过，草地自在好过"，才脱离明朝，北入草原。

这名进入草原的汉人，之所以说"韦州难过，草地自在好过"，是因为北方边疆长期处于明朝与蒙古交战之下，底层民众不仅要遭受兵乱之苦，还要承担非常沉重的赋役，生活十分困难。与之不同，加入蒙古部落后，可以跟随蒙古人抢掠，生活境遇发生了很大变化。这是大部分汉人主动进入草原的主要原因。

嘉靖时期，俺答汗统一了蒙古大部分地区，对明朝北部边疆形成全面压制之势，不断进攻明朝边境，北方社会动荡不安。大量汉人被掳掠或主动投奔俺答汗，在俺答汗盘踞的丰州川以南、山西长城以北之地种田盖屋。"明嘉靖初，中国叛人逃出边者，升板筑墙，盖屋以居，乃呼为板升。"之所以称为"板升"，是因为在蒙古语中，"板升"意为房屋或城。板升人数众多，形成了10多万人的定居社会。"有众十余万，南至边墙，北至青山，东至威宁海，西至黄河岸，南北四百里，东西千余里，一望平川，无山陂溪涧之险，耕种市廛，花柳蔬圃，与中国无异，各部长分统之。"板升将农业经济推广到了蒙古草原，促使当地经济方式从单一的游牧经济转变为农牧结合的复合经济，推动了明清时期蒙古高原的经济转型。

## 白莲教的政治诉求

板升中，大多数人是为了谋求生存，但也有少部分人意图凭借蒙古势力，实现自身的政治愿望。而白莲教徒充当了这些人的主体力量。朱元璋虽加入了宣扬白莲教的红巾军，但建国之后，鉴于这一民间宗教宣扬弥勒拯世等观念，具有强烈的颠覆现存秩序的价值取向，因此宣布禁止白莲教的传播。但唐宋以来，白莲教已在中原地区广泛传播，具有十分深厚的土壤，难以根绝。在官府的打压之下，北方地区的许多白莲教徒都有颠覆明朝的政治观念。蒙古作为明朝的敌对政权，便成为北方白莲教徒起事的幻想盟友。

嘉靖时期，在连绵战争造成社会动荡的背景下，北方地区的白莲教徒开始更为积极地与蒙古结成政治联盟。这一时期，不仅有"蔚州妖人阎浩等素以白莲教惑众，出入漠北，泄边情为患"，而且还有以吕明镇为首的白莲教徒在大同左卫（今大同左云）意图叛乱。叛乱被人告发之后，吕明镇被逮捕处死，徒众逃遁至蒙古草原，加入俺答汗的军队。

白莲教徒在俺答汗军队中的势力不断壮大，负责统辖、管理板升群体。其中赵全统辖的部众最多，所居之地被称为"大板升"。据赵全自称，所统部众有一万余名。但当时大同镇巡抚方逢时记载赵全统辖三万余名部众。仅次于赵全的李自馨与周元，所领部众有数千人。由于势力较大，赵全与李自馨被俺答汗"俱加为酋长"。赵全又被称为"驸马"，李自馨、周元又被称为"秀才"。"彼中称全为倘不郎，华言驸马也。李自馨、周元为必邪气，华言秀才也。"其他板升规模较小，"余各千人"。"小板升"有32处，由32名小头目分别管理。板升不仅加入蒙古军队，为蒙古进攻明朝积极出谋划策，"每大举进寇，俺达必先至板升，于全家置酒大会，计定而后进"，而且为蒙古贡献破解明军防御之法，推动蒙古军队战法进一步丰富。"（丘）富等先年皆以白莲教妖术诱扇，导之入寇，教以制钩杆、攻城堡之法，中国甚被其害。"嘉靖十六年（公元1537年），山西巡抚韩邦奇便指出蒙古作战方式与之前有所不同。"臣等载观近日敌之入寇，奸谋诡计，与昔不同。向也无甲胄，今则明盔明甲，势甚剽疾矣；向也短于下马，不敢攻挖城堡，今则整备锹镢，攻挖城堡矣；向也不知我之虚实夷险，虽或深入，不敢久留，今则从容久掠，按辔而归矣；向也群聚而入，群聚而出，忽若飘风，今则大举决于一处，分掠各边，使不暇应援矣；向也兵无纪律，乌合而来，星散而去，今则部伍严整，旗帜号令分明矣；向也不焚庐舍，今则放火焚烧矣。"在他看来，这一变化缘于大量明人甚至是明军逃入草原，将明军防御的底细透露给了蒙古。"其故何哉？有中国之人为之谋划，有中国之人为之向导，有中国之人为之奸细，有中国之人遗与之以铁器。况事变之时，投入敌中者，又皆惯战有勇之人也。"

而在草原政治生活中，板升竭力推广汉人政治体制。嘉靖后期，

内蒙古呼和浩特市俺答汗塑像

俺答汗已自立为蒙古可汗，板升集团又进一步鼓动其模仿汉制，登基称帝，国号为"金"。李漪云先生认为俺答汗在赵全等人的支持下，以丰州滩为中心，东起蓟辽边外，与兀良哈三卫、察哈尔部接界，西至甘肃边外，南至长城，北至漠北，与喀尔喀蒙古接界，在广大漠南地区建立了一个独立的、具有汉式统治体制的"金国"政权，并以赵全为把都儿汗，命其以"汗"的名义建开化府，统治板升汉人。

板升集团不仅拥立俺答汗称帝，而且建议其攻占、统治长城边疆，模仿五代时期石晋的故事，建立与明朝平分秋色的政权。"全与李自馨各又不合谋危社稷，日与俺答商说，分遣各房攻取大同、宣府、蓟州一带，与南朝平分天下。""赵全言于俺达曰：'自此塞雁门，据云中，侵上谷，逼居庸。朵颜居云中而全据太原，效石晋故事，则南北之势成矣。'"胡钟达先生认为赵全等人此举，意在造成一个"南北朝"的局面。

### 优势下的倒退

在世界近代史开启之初，在亚欧大陆的其他文明积极扩张的同时，明朝采取了内敛的疆域政策，不仅官方未有开拓边疆的举动，而且禁止民间开展海外贸易，从而与"大航海时代"以后的全球经济早期一体化进程形成了背道而驰的局面。大量东南海商为反抗明朝的封锁，采取了武装化措施，并联合日本武士，酿成了明后期尤其是嘉靖时期东南沿海的严重"倭患"。而在北方边疆，明朝采取的相对保守的长城防御政策，使北方地区长期处于战乱与动荡中，大量民众或者为了谋求生存，或者为了实现政治目的，逃到长城以外的草原地区，一方面推动了蒙古高原的经济转型，另一方面加剧了明蒙之间的军事战争。

可见，在世界近代历史潮流下，与明朝政权的内敛与保守不同，民间长期具有朝外走的内在驱动力，远方对于他们不仅有充满诱惑的利益，而且有摆脱束缚的政治空间。在明朝民众的积极拼搏中，明代中国处于全球经济早期一体化的核心位置，是推动世界经济发展的发动机。但值得注意的是，明朝的这一经济优势并未被政权纳入政治视野，明朝一直实行传统的农业财政政策，不仅未将海外贸易的收入用于疆域开拓，导致长城边疆财政危机一直未能缓解，且愈来愈严重；而且对海外贸易本身也采取打击政策，为防御倭寇，形成了之前从未有过的海防问题。简单而言，如果说明朝有两只脚，那么经济的一只脚走在了世界前列，而政治的另一只脚却远远拖在了后面，明朝在经济、社会发展至顶峰时，政权却完成了自由落体式的迅速崩溃。

明代中国的历史命运，反映出在古代世界，决定历史发展的核心因素是军事与政治，而非经济与科技。马克思在工业革命如火如荼的年代，强调经济基础对于上层建筑的决定作用，强调生产方式在社会发展中的决定力量。但是在冷兵器时代，战争所需的财政成本远低于热兵器时代，以少胜多、以弱胜强是世界古代军事史上的普遍现象。而在资本主义尚未出现的古代社会，经济资源能够在多大程度上进入国家财政体系,并在政治领域拥有话语权,是一个不容忽视的问题。一场战争的胜负、一项政治决策,足以改变历史进程。明代中国虽处于全球经济早期一体化潮流中,但政治观念一直处于传统的藩篱中,仍在用传统的军事方式处理边疆问题,最终灭亡于作为军事重心的长城边疆的军民叛乱,实属情理之中的事情。

# 晚明中国的救亡图存与走向崩溃

文：赵现海

　　小至一个微生物、一个人，大至一个国家、一个星球，乃至宇宙，都呈现出同样的生命历程，都要经历从诞生到发展，再到最后灭亡的过程。与人生轨迹有起有落一样，一个政权也会经历由盛而衰的历史变化。明朝同样不能例外。只是与之前的王朝相比，明朝由鼎盛走向衰落的历史变迁，除了本身生命体的逐渐衰弱之外，还更多地受到全球早期一体化的影响。而明朝在世界近代史开启之初，采取了内敛的疆域政策，最终收获了苦涩而悲剧化的命运。

## 张居正改革

隆庆以后的晚明中国,进入到内外交困的历史境地。此时的明朝不仅陷入了古代中国的传统困境,在内部,愈演愈烈的政治斗争逐渐侵蚀、瓦解了政治体系;在外部,"南倭北虏"对明朝的统治构成了严重威胁。与此同时,明朝还开始面对前所未有的西欧"大航海时代"催动下的世界挑战,不仅在东北亚面临日本扩张的野心,而且在西南边疆面临安南、缅甸的崛起与侵蚀,中华亚洲秩序开始动摇乃至崩裂。

为了解决"南倭北虏"问题,在阁臣高拱、张居正的主持下,明朝在东南沿海开放"海禁",在北部边疆与俺答汗达成"隆庆和议",从而大体解除了倭寇与蒙古的边疆威胁。解决了边疆问题之后,万历初年,张居正开始对明朝展开全方位改革。在这场史称"张居正改革"的政治运动中,张居正从官方立场出发,从加强中央集权的角度,尝试挽救明朝的国运。在政治上,张居正实行"考成法",加强对官僚集团的选拔与考核,尤其是加强内阁在政治体系中的权威地位,以内阁考核六科,以六科考核六部,借此实现内阁对整个官僚体

张居正像

系的整体掌控。在经济上，张居正推行"一条鞭法"，将明中后期不断新增的各种赋役整体编入最新丈量出来的田地中，并且统一折收银两，从而扩大财政来源。在文化上，针对嘉靖以来王学中人掀起的讲学潮流，张居正认为士人议论政治，违反了朱元璋禁止生员议政的规定，于是禁毁天下书院，从而强化了对士大夫群体的控制。通过这种全方位的改革，张居正加强了中央权威，提升了经济实力，掌控了社会舆论。

但"张居正改革"触动了整个官僚体制框架。神宗亲政之后，为了报复张居正对自己管束过严，与整个官僚集团一起清算新政，"张居正改革"的措施都遭到破坏。即使如此，"张居正改革"仍然为万历朝廷积累了充足的国家财政，为万历政权解决此后30余年的边疆危机奠定了经济基础。

## 党争的兴起

张居正遭到清算之后，内阁借鉴其失败的教训，改变之前的强势做法，采取明哲保身的态度，以不出事为基本原则，混迹于官场之中，万历政治从而呈现出一盘散沙的局面，无人对越来越消极与涣散的政治局面负责。而神宗围绕太子人选问题，与士大夫集团长期斗气，养成了长期不上朝的习惯，经常"留中"、不批答奏疏，也不对缺官进行补充，明朝政治日益荒废。

有鉴于此，一些有识之士开始倡议整顿官场、拯救危亡，其中以东林党为代表。针对王学末流逐渐陷入空疏习气，无补于时局的情况，东林党人高举复兴程朱理学的大旗，严君子小人之辨，意图通过加强士大夫群体的政治修养，扭转晚明颓废的官场氛围，拯救晚明的危难国势。但激浊扬清、评议时政的东林党，与其他政治派别逐渐形成党争局面。伴随着政治交锋的日趋激烈，双方的争执焦点逐渐从政治立场之不同转为人事关系之纷争，晚明政治愈发不振。由此所引发的"梃击案"、"红丸案"与"移宫案"，进一步使明末官僚集团呈现出严重的分裂局面，从而为天启年间魏忠贤拉拢部分官员，打击东林党提供了便利条件。崇祯帝虽然一意振兴明朝，但乱世之下的盲目急躁与重典治国，对于挽救明朝并无用处。明朝官方通过整顿政治体系救亡图存的努力就此付诸东流。

## 边疆危机

明后期，西欧借助"大航海时代"开启以来所获得的巨额财富，极大地提升了自身的军事力量，不同国家之间的竞争与较量逐渐激烈。在这一时代背景下，火枪与火炮技术迅速发展，不仅成为西欧内部争雄的重要支撑，而且开始被西欧商人贩卖到世界其他地区，其中便包括中国及周边各国，比如缅甸、越南与日本。后三个国家借助引入的新式火器，不仅完成了国家统一，而且积极扩张。缅甸建立了强大的东吁王朝；安南向南吞并了占城，并积极向北扩张，与缅甸一起开始蚕食中国的西南边疆。面对这一局势，明朝在西南边疆采取多种措施，包括武力平叛，虽然最终大体保住了西南边疆，但仍有部分地区流入缅甸与越南。

在日本，织田信长借助火枪击败了北方的骑兵。追随织田信长的脚步，丰臣秀吉最终统一了日本列岛。统一日本之后，丰臣秀吉开始实行扩张政策，制订了以朝鲜为跳板，占领整个中国，从而颠覆以中国为中心的中华亚洲秩序的战争计划。万历二十年（公元1592年），丰臣秀吉发动对朝鲜半岛的战争，史称"壬辰倭乱"。由于朝鲜国内长期维持着和平局面，兵不习战，因此朝鲜在日本的进攻之下迅速瓦解，朝鲜国王宣祖李昖不得不向明朝求救。虽然明朝的大多数官员反对援助朝鲜，但神宗出于维护明朝的宗主国权威的考虑，决定出兵朝鲜。从公元1592年到公元1598年的七年时间里，明朝先后征调长城沿线、东南沿海、西南边疆的数十万精锐士兵，耗费近千万两白银，与朝鲜一起驱逐走了日本军队。明朝虽然取得了战争的胜利，但国内的财政危机因此进一步加剧，辽东精锐军队远征朝鲜半岛，兵员大量阵亡，削弱了明朝对辽东地区的控制，为建州女真的崛起提供了历史空间。

因此，虽然万历政权通过极大的努力维护了对广大边疆地区的统治，维持了以中国为核心与主宰的中华亚洲秩序，却付出了十分沉重的代价，为明朝最终的灭亡埋下了隐患。

1954年，历史学家霍布斯鲍姆提出了一个著名的概念——"17世纪危机"，此后这一概念在其他历史学家那里不断得到发展。简而言之，

《釜山镇殉节图》，描绘壬辰倭乱中日军在釜山登陆的情形

"17世纪危机"是指在17世纪，亚欧大陆的众多国家都出现了气候急剧变化、灾荒多发、瘟疫流行、人口大量死亡、社会叛乱、战争频发、边疆动乱等危机，最终导致政权的衰落、灭亡，甚至皇帝、国王的身死。

不同区域的人类社会交往时间之早、程度之深，远远超出我们的想象，但任何时期的区域社会交往，与近代300余年的历史相比，都大为逊色。"17世纪危机"之所以形成巨大影响，与这一时期世界属于全球早期一体化阶段，各种历史因素传播、交流、整合的程度与频率远超以往有直接关系。

### 女真崛起，明朝灭亡

明末时期，正是"17世纪危机"爆发之时。与其他文明一样，明朝也在各方面都面临着严重问题，尤以陕北军民叛乱与辽东女真叛乱最为严重。

金朝灭亡之后，女真后裔仍流徙于白山黑水之间，明朝依照他们与自己关系的亲密程度，将之划分为三大部族：建州女真、海西女真和野人女真。虽然三大部族都大体与明朝结成了羁縻或宗藩关系，但尤以辽河流域的建州女真距离明朝最近，与明朝的关系最为稳定，经济往来最为频繁。建州女真居于辽东长城外缘，负责为明朝"看边"，一方面抵御长城以北的女真部落南侵，另一方面阻止汉人越界逃逸。由于与明朝的关系十分密切，建州女真与明朝长期开展朝贡贸易，同时不断招徕汉人板升耕种土地，逐渐发展起来。万历后期，建州女真首领努尔哈赤以"七大恨"为号召，重新恢复"金"国号，掀起了反明战争。

万历朝廷为平灭女真叛乱，再次发动战争，但由于国家财政在之前的边疆战事中已被严重消耗，只能加赋，因为是用于辽东的军费，故名"辽饷"。赋税加派对已经灾荒频发的明朝社会来讲，影响很大；对灾荒程度尤重的陕北地区来讲，影响更大。在这种时代背景下，榆林南部、延安地区的军民群体，由于是延绥镇的外围构成，不仅待遇最先受到了削减，而且面临着严重的赋役负担，于是发动了叛乱，从而与后金一内一外，共同侵蚀、瓦解了明朝的统治肌体。

相对而言，明朝将军事重点放在对后金的战争上，不仅调遣精兵良将，而且徐光启、孙元化、毛文龙等人积极吸收西欧传来的军事技术与火器，并加以改良，运用到战场上。与这一时期的西欧相比，晚明的军事技术与武器装备丝毫不落下风，不仅鸟铳被普遍使用，而且经孙元化改良的火炮，射程远、耐高热，是当时世界上最先进的火炮。在我们的想象中，明清战争是刀枪弓箭的冷兵器战争，其实当时双方的战争模式已是现代的热兵器作战。

虽然严重的灾荒成为压垮明朝财政体系的最后一根稻草，但面对生态环境的挑战，明朝仍有一定的空间来加以应对。崇祯帝采取的对内、对外同时开战政策，严重削弱了明军集中打击的军事能力，往往是此处战争初有起色，军队便被调往另一战场。甚至在明末农民军已然席卷北方地区时，崇祯帝仍在明朝"以武立国"的军事光环下，在明朝"华夷之辨"的时代氛围中，拒绝像两宋那样与后金讲和，致使最终完全陷于被动境地，无力回天。

而在明亡清兴的历史转折中，袁崇焕与毛文龙是备受关注的两个人物。天启时期，袁崇焕孤守宁远城，以火炮击伤努尔哈赤，致其死去，他因此成为明末抵御后金最著名的将帅。与之相比，毛文龙并无过硬的胜利，但他驻守皮岛（今朝鲜椵岛），借助海外贸易，获取了大量火器，成功牵制了后金的军事力量。由于孤悬海外，毛文龙经常不听命于朝廷，游离于袁崇焕设计的复辽计划之外，因而被袁崇焕斩杀。袁崇焕死后，余部孔有德、尚可喜、耿精

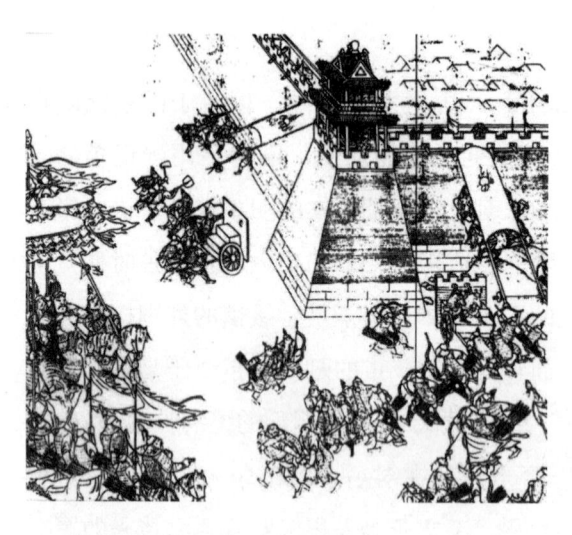

《清实录》中所绘宁远之战

忠投降清朝，其携带过去的火炮，是当时明军最先进的火炮，转而成为清军进攻明朝城墙，统一中国的利器。

　　明朝灭亡后，各路藩王先后建立了弘光政权、鲁王政权、隆武政权、绍武政权、永历政权等。但由于明朝内部党争习气已经根深蒂固，政治向心力较差，大多数政权存在的时间很短。其中，永历政权之所以能够存在将近20年，一方面是因为得到了李定国农民军的坚定支持，另一方面是因为明朝对西南边疆的长期经营，为永历政权提供了十分广阔而相对稳定的地理空间。

　　总之，明朝内敛的疆域政策，促使明朝在边疆地区一直面对各种族群的挑战，尤其是在"大航海时代"以后，周边政权与族群借助新式火器，开始挑战以明朝为核心与主宰的中华亚洲秩序，使晚明朝廷一直处于严重的边疆危机中。虽然明朝不同势力希望努力挽救这一危局，开展了各种救亡图存运动，但在坚持了半个世纪之后，明朝最终还是走向了完全崩溃。

# 关于"康乾盛世"

文：刘凤云

清朝康熙、雍正、乾隆三朝，政治、经济与文化繁荣，国力强盛，时人将这一时期誉为"康乾盛世"。但对于"康乾盛世"这个说法，学界是有争议的，或不认同盛世的存在，或将其称为"平庸的盛世"，甚至还有人说，称清朝为盛世是可耻的。主要原因是这一时期的闭关锁国、文字狱等政策的推行，延缓了中国历史的进程，导致中国在清朝时期远远落后于西方。尽管如此，我仍然认为，盛世并不代表一个社会尽善尽美，而清朝缔造的盛世在中国历史上也绝非"平庸"。

关于"康乾盛世"的起止时间，一种说法认为起于康熙二十年（公元1681年）平三藩之乱，止于嘉庆元年（公元1796年）川陕楚白

开创清朝盛世的康熙帝、雍正帝、乾隆帝画像

莲教起义爆发,持续时间长达115年。另一种说法认为,"康乾盛世"起于康熙二十三年(公元1684年)统一台湾后开海禁,止于嘉庆四年(公元1799年)乾隆皇帝逝世,嘉庆皇帝亲政,持续时间也是115年。这个历经三朝、持续一个多世纪之久的盛世,无论是西汉的"文景之治""汉武盛世",还是盛唐的"贞观之治""开元盛世",抑或是明朝的"洪武之治""永乐盛世",都无法企及。

"康乾盛世"是以多民族国家统一、版图辽阔、国力强盛、经济发展、人口及耕地面积迅速增长、国家治理高效,以及文化繁荣等为主要标志的。下面我们就详谈这几点。

## 多民族国家的统一与近代中国版图的奠定

国家统一是中国历史发展的主流,"大一统"是中国古代政治家追求的最高政治目标。而说起"大一统",人们头脑中的第一反应便是广阔无垠的疆域和多民族一体的国家。

历史上,中国出现过几次大一统局面。西汉武帝时期无疑是一个开疆拓土的大一统时期,北伐匈奴,北部疆界至河套、阴山以北,通西域后设河西五郡;南部扩张到海南岛;西南边界推移到云南高黎贡山。但维持了不过百余年,西汉末期,疆域萎缩,王莽时回到了秦时的面积。唐朝时期是中国历史上第二个疆域辽阔的时期。唐太宗和唐高宗执政期间,不断对突厥、薛延陀、吐谷浑、西域诸国(高昌、龟兹等)用兵,并消灭了这些政权,由此逐渐控制了大漠南北及西域等地。唐太宗有"天可汗"的称号。但维持时间更短,武周时期突厥复国后,漠北及贝加尔湖等地区复归突厥,西域也被吐蕃逐渐占领,唐末西部疆域仅保有河套地区。

宋朝有南北之分,北部的疆域又先后有辽、金建国。接下来就是元朝。蒙古汗国拓地最广,成吉思汗的兵锋直抵欧洲、中亚,但元朝只限于中原及北部,对几个汗国并不具有实际管理权力。元朝对疆域的贡献主要是将云南、青藏高原纳入中国版图,并设置了宣政院等机构进行管理。明朝的疆土面积已大不如元朝。

那么,清朝的疆域呢?康熙年间完成对西藏、青海以及漠北喀尔喀蒙古的统一,中国的疆域拓地四万余里。乾隆朝统一新疆又辟地两万余里,奠定了近代中国的版图。这是清朝对中国历史的最大贡献。

对此,道光时的魏源说:"世咸知乾隆新疆辟地二万余里,然准、回二部东西六千余里,南北三千余里,径一围三,故得周二万余里。康熙中,收西藏,东西南北各五六千里,是已周二万余里。又收青海,收喀尔喀,青海东西南北各二千余里,喀部东西五千余里,南北三千余里,其周又逾二万里。是康熙中,拓地已周四万余里,更廓于乾隆。"

漠南漠北蒙古、青藏高原以及新疆，当时都属于蒙古族、藏族等民族的居住地，对这些地区的统一都完成于清朝。在康乾时期，中国的总面积曾达到1300多万平方公里，成为当时世界上拥有最辽阔疆域的国家。而且还有一点很重要，清朝对统一的疆域都实行了有效的行政管辖。所以，嘉庆时人洪亮吉评价说：国家版图"光于唐汉，远过殷周"。

当然，这里有个国家认同的问题，需强调的一点是，清朝皇帝自己是认同自己为中国皇帝的。

### 盛世的繁荣，国力的雄厚

在传统社会，盛世通常是以土地垦殖数字与人口数字为标志的，而土地面积的增加是以为国家提供赋税为最终目的的。康乾时期，国家在耕地、赋税和人口增殖方面都达到了传统社会的顶峰。

**耕地面积、赋税收入增长**

清朝的耕地面积、田赋收入稳定增长，这里有这样一组数字：

顺治十八年（公元1661年），全国耕地面积549万余顷，赋银2157万余两。

康熙二十四年（公元1685年），全国耕地面积607万余顷，赋银2445万余两。

雍正二年（公元1724年），全国耕地面积683万余顷，赋银2636万余两。

乾隆三十一年（公元1766年），全国耕地面积741万余顷，赋银2991万余两。

这些数字告诉我们，在康乾时期，国家的耕地面积每30年左右增加50万～70万顷。还有学者研究提出，在康熙六十一年（公元1722年），全国的耕地面积已达到851万顷，突破了明朝最高耕地统计数字，而且直至鸦片战争前，清朝全国的耕地面积都保持在这个范围内。

赋税收入也是处于持续增长的状态。在康熙至乾隆年间，户部储存的库银随着赋税收入的增加而增加。康熙四十八年（公元1709年），户部银库存银5000余万两，乾隆三十七年（公元1772年）增至7000余万两。

**制造业占有重要地位**

中国的制造业在整个世界经济中占有特殊的重要地位。当时，丝绸、茶叶、瓷器等属于中国的独有商品，不仅销往日本、南洋、中亚等国家和地区，而且远销欧美。这种状况一直持续到嘉庆年间。中国的制造业产量在世界制造业总产量中所占的份额一直领先，中国的国内生产总值（GDP）在世界总份额中占到将近三分之一的比重。对此，西方学界多有研究和评价。

英国经济学家安格斯·麦迪森对中国和欧洲历史上的各种经济指标做了估算，得出的结论是：在欧洲工业革命完成前，中国和欧洲是世界上排名前两位的两大经济体。康熙三十九年（公元1700年），中国和欧洲的国内生产总值在世界生产总值中所占的比重分别为23.1%和23.3%。嘉庆二十五年（公元1820年），中国占到33.4%，欧洲只占26.6%。

德国人贡德·弗兰克在《白银资本：重视经济全球化中的东方》中说：直到19世纪之前，"作为中央之国的中国，不仅是东亚纳贡贸易体系的中心，而且在整个世界经济中即使不是中心，也占据支配地位"。尽管弗兰克的观点在当时西方中心观的主流观念中属于另类，需要得到学术上的进一步求证，但是这来自西方的声音至少反映了学界对当时中国影响力的认识。

**人口增长**

"康乾盛世"社会经济发展的另一个标志是人口数量的增长。在以农业为主要产业的传统社会，由于生产技术低下，社会的经济能力可以通过养活人口的数量来反映。自康熙中后期至乾隆朝，清朝的人口数量在直线上升。

据《清实录》记载，康熙四十九年（公元1710年）的人口数为2331.22万余名口。乾隆五十七年（公元1792年）各省奏报人口数，达到30,746.72万余名口，是康熙年间的13倍多。

当然还有一个说法，清军入关前夕，中国人口为15,250万，到了康熙十七年（公元1678年），增至16,000万，但对乾隆时中国人口达到3亿多没有异议。

**文化繁荣**

康乾时期是文化繁荣的时期，康熙中后期，随着统治的巩固，康熙帝开始留意典籍，组织大型书籍的编纂，发挥文教兴国的作用。值得一说的有这样几部书：

第一部是《古今图书集成》。这部书是康熙四十年（公元1701年）由皇三子胤祉奉命组织内阁侍读学士陈梦雷等编纂的一部大型类书，前后历时六年，于康熙四十五年（公元1706年）修成，共一万卷，但没能立即刊印。雍正帝即位后，陈梦雷因牵涉储位之争被流放到黑龙江，雍正帝令户部尚书蒋廷锡重新编校已经成稿的《古今图书集成》，并去掉陈梦雷的名字，代以蒋廷锡，于雍正六年（公元1728年）刊行。

这部书由康熙帝钦定赐名，雍正帝作序，是仅次于明《永乐大典》的一部大型类书，被称为"古代百科全书"，与《永乐大典》《四库全书》并列为中国古代三部皇家巨作。后因同属类书的明《永乐大典》毁于八国联军的入侵战火中，现存不足4%，故《古今图书集成》成为现存规模最大、保存最完整的"类书之最"。

第二部是《皇舆全览图》。康熙帝为巩固国家统一，视疆域版图为帝业根基，对象征全国版图的舆图绘制尤为重视。《清史稿》中云："国家抚有疆宇，谓之版图，版言乎其有民，图言乎其有地。"

《钦定古今图书集成》书影

而对地图的重视，与康熙帝多次出巡和亲征的经历是分不开的。康熙二十八年（公元1689年），《尼布楚条约》签订后，法国传教士张诚曾向康熙帝进呈了一份来自欧洲的亚洲地图，但这份地图缺少中国详情。康熙帝从这份地图中受到启发，打算组织人力利用西方的测绘技术绘制一份全国地图。康熙四十七年（公元1708年），在康熙帝的倡导下，清朝开始了史无前例的大规模实地测绘，比例为四十万分之一。除西藏、天山南北外，测绘范围遍及15省，东北至库页岛，东南至台湾，西至伊犁河，北至北海（今贝加尔湖），南至崖州（今海南岛）。参与者除清人何国栋、索柱、明安图、白映棠、贡额等外，还有法国传教士雷孝思、马国贤、白晋等。历时10年，至康熙五十七年（公元1718年）将实测结果汇成地图，即著名的康熙《皇舆全览图》。地图绘制之精确，不愧居亚洲之首，即使欧洲也不及。凡关门塞口、海汛江防、村堡戍台，虽细微亦皆绘入，为从来舆图所未见。图成之日，康熙帝感慨道："朕费三十余年心力，始得告成。"

在西藏和新疆归入版图后，乾隆帝两次派遣专人前往测绘，这幅地图最终得以补全。

第三部是《四库全书》。这部书是在乾隆帝的主持下，由纪昀等360多名官僚学者编纂，

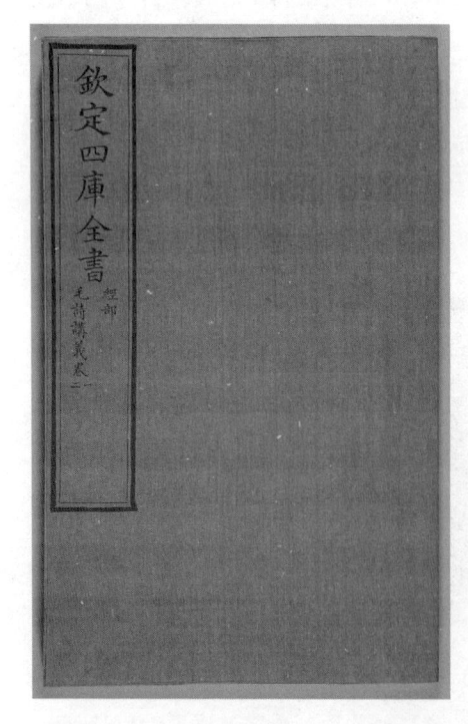

《钦定四库全书》书影

3800多人抄写而成的一部大型丛书，前后耗时10年，分经、史、子、集四部，故名《钦定四库全书》，简称《四库全书》。乾隆三十七年（公元1772年）十一月，安徽学政朱筠提出《永乐大典》的辑佚问题，得到乾隆帝的认可，遂将编纂《四库全书》提上日程，于当年开始在全国征集图书，然后整理图书、抄写底本、校订。《四库全书》共收入图书3460多种，近8万卷，规模是《永乐大典》的3倍多，几乎囊括清乾隆朝以前中国古代所有重要的文化典籍。先后缮写7部，分别藏于紫禁城文渊阁、盛京文溯阁、圆明园文源阁、承德文津阁，以及江浙两省的扬州、镇江、杭州等地。但仅有两部完整传世，即今藏台湾的文渊阁本和今藏国家图书馆的文津阁本。

在编纂《四库全书》的过程中，还编了《四库全书荟要》《四库全书总目》《四库全书简明目录》《四库全书考证》《武英殿聚珍版丛书》等。这几部书可以看作《四库全书》的副产品，其中《四库全书荟要》是《四库全书》的精华，收书464种。

《四库全书》的编修过程也成为清朝实行文化专制的过程，清廷通过征书对全国各地进献的图书进行了检查，凡不利于清朝统治的文献一概被禁毁，甚至连前人涉及契丹、女真、蒙古的文字都被篡改。查缴禁书竟达3000多种、15万多部，总共焚毁图书超过70万部，禁毁书籍与《四库全书》所收书籍一样多。故鲁迅曾说："清人纂修《四库全书》而古书亡矣！"

除了上述这三部书，《御定全唐诗》《康熙字典》和满文辞典《清文鉴》也是这一时期编纂的重要典籍。

此外，还有两部个人撰写的巨著也出现在康乾时期，即吴敬梓的《儒林外史》与曹雪芹的《红楼梦》。

这些书籍的编纂卒可昭盛世的"同文之治"。

# 收复边疆与有效的行政管辖

文：刘凤云

中国辽阔疆域版图的最终奠定离不开武力的征服，但征服之后，有效的行政管辖更为重要，这直接关系到已征服版图的归属性。而有效的行政管辖的首要条件就是由国家设官建制。这一节我们将讲述清朝在东南台湾、东北黑龙江以及北部蒙古地区实行的有效行政管辖。

## 统一台湾与设置一府三县

我们常说台湾自古以来就是中国的领土，并有大量历史文献记载了古代中国人开发台湾的事迹。然而，最有力的证明还在于清朝在台湾设置了一府三县,并派官管理,这是清朝留给我们的历史遗产。

说到台湾的统一,当与两个人有关,一个是郑成功,另一个是施琅。

顺治十八年(公元1661年),时为南明延平王的郑成功率部进军台湾,至康熙元年(公元1662年)二月驱逐荷兰殖民者,收复了被荷兰人侵占了38年的台湾领土。仅凭这一点,郑成功可谓当之无愧的民族英雄。当年,他在给荷兰殖民者头目揆一的信中就义正词严地指出:"然台湾者,早为中国人所经营,中国之土地也。"但是,在其子郑经的经营下,郑氏集团逐渐演变成一个与中原统一王朝长期对峙的独立王国,而且反对统一,使台湾与大陆形成长达20余年的分裂局面。

为消除分裂割据,实现国家的统一和安定,清政府起先是寻求和平解决台湾问题的途径,力争通过谈判实现统一。从康熙元年至康熙二十二年(公元1683年),清政府派人与台湾郑氏集团先后进行了10余次谈判交涉。而且,为实现和平统一,康熙帝做出重大让步,同意了郑氏集团"不登岸"的条件,允许其留驻台湾。但由于郑氏集团坚持"依朝鲜例,称臣纳贡"为首要条件和基本立场,也

清代黄梓绘《郑成功画像轴》

就是要清政府承认台湾为中国藩属国的地位，其结果必然是要将台湾从中国分裂出去。康熙帝明确指出："朝鲜系从来所有之外国，郑经乃中国之人。"所以，谈判没有成功。由此，武力统一台湾逐渐提上日程。

清军长于骑射而不善海战。康熙十六年（公元1677年），清政府恢复了福建水师建制。康熙十八年（公元1679年），康熙帝以擅长海战的万正色为福建水师提督，组建起有战船200余艘、官兵28,000人的水师。康熙二十年（公元1681年），郑经故逝，郑氏集团随后发生内讧，这为清政府统一台湾提供了契机。但由于万正色对统一台湾持消极态度，因此统一重任就落到了施琅身上。

施琅是福建晋江人，初为明总兵郑芝龙部下，后从其子郑成功。在与郑成功产生矛盾后，施琅降清，郑成功杀其父、弟及子侄数十人。施琅降清后，先后被任命为清军同安副将、同安总兵、福建水师提督等职。统一台湾是施琅一贯的主张，这其中有复仇的成分，但他也看到了统一台湾对国家安危的重要性。从康熙三年（公元1664年）开始，清朝接受施琅的提议，命他进军澎湖、台湾，使四海归一。但为飓风所阻，两次进军失败。康熙七年（公元1668年），清廷将施琅调往京城以内大臣闲职留用，前后长达13年之久。直到康熙二十年八月，经福建总督姚启圣和内阁学士李光地推荐，康熙帝再次任命施琅为福建水师提督，担当率领清军收复台湾的重任，随后又授予他全权指挥军队的"专征"之权，以保证海上战争的协调一致。

此时的台湾，郑经已死，其子郑克塽继立。施琅上任以后，经过近两年的准备，于康熙二十二年（公元1683年）六月，一改北风南进的常规，提出于夏季出洋，乘南风进兵的主张。清军自铜山进泊八罩，经过七天激烈的海战，占领台湾门户澎湖，守将刘国轩逃往台湾，郑克塽的败局已定。这时施琅做了一个重要决定，他下令暂停军事进攻，休整部队，在澎湖禁止杀戮，厚待投降和被俘的郑军将士，稳定人心，并对刘国轩、冯锡范的部下郑重声明断不报仇。这对消除郑氏的恐惧与顾虑起到了重要作用。同时，施琅还建议朝廷"颁赦招抚"郑氏，以争取和平统一台湾。康熙帝同意了施琅的招抚建议，并及时向台湾郑氏集团颁布了赦罪诏书。

这时，郑氏集团人心惶惶，兵无斗志。特别是郑克塽见施琅无屠戮之意，于是上表请降。八月，施琅统兵由鹿耳门进至台湾。郑克塽率属剃发，迎于水次，缴延平王金印，从此台湾成为清朝疆域的一部分。这是继郑成功收复台湾之后，台湾再次回归国土的壮举。台湾告捷的消息传至京城，适逢中秋，康熙帝赋诗旌表施琅之功，授其靖海将军，封靖海侯，世袭罔替。

台湾初定，施琅请设官镇守，廷议未决。有谓宜迁其人、弃其地者，甚至连举荐施琅的李光地也主张"空其地，任夷人居之，而纳款通贡"。但施琅认为，台湾原属化外，土番杂处，未入版图。然其时中国之民潜往生聚，已不下万人，若弃其地、迁其人，非数年不能迁完。且有"红毛"乘隙复踞、窃窥内地的危险。台湾虽在外岛，关四省要害，断不可弃。大学士李霨也支持施

《施琅平台记略碑记》

琅，言："台湾孤悬海外，屏蔽闽疆。弃其地，恐为外国所据；迁其人，虑有奸宄生事。应如琅议。"

经过反复朝议，康熙帝采纳了施琅等人的意见，在台湾设立一府三县，即台湾府，下辖台湾（县治在今台南）、凤山、诸罗（县治在今嘉义）三县，隶属福建省；设总兵官一名，澎湖设副将一名，率兵驻守台湾。台湾首任知府蒋毓英在任期间，注意发展农业和教育，主持编纂了首部《台湾府志》，为后人了解台湾提供了重要的资料依据。

## 收复雅克萨与中俄《尼布楚条约》的签订

明末清初，中国东北与沙皇俄国接壤，而居住在黑龙江一带的是已经臣服于后金（清）的东海女真各部。据《圣武记》记载："初，俄罗斯东边接黑龙江，江者以外兴安岭为界。……而俄罗斯东部曰罗刹者，亦逾外兴安岭侵逼黑龙江北岸之雅克萨、尼布楚二地，树木城居之。……既又南向侵掠布拉特、乌梁海，夺四佐领。"崇德四年（公元1639年），时清军尚未入关，曾出兵黑龙江，毁罗刹所建木城，然未设兵戍守即返回。清军入关后，以盛京将军统辖整个东北，然国力未及北边。顺治十年（公元1653年）在宁古塔（新城在今黑龙江宁安）设立昂邦章京驻守，并负责派员向黑龙江下游地区的居民收受贡貂等税赋。顺治十五年（公元1658年）、十七年（公元1660年），镇守宁古塔的两任昂邦章京沙尔虎达、巴海父子先后率军击败了沙俄侵略军。康熙元年，清朝将宁古塔的昂邦章京升为宁古塔将军，康熙十五年（公元1676年）移驻吉林。

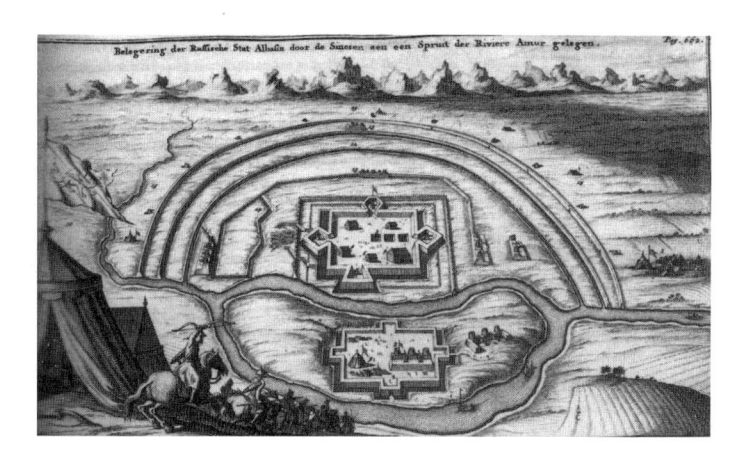

清朝军队攻雅克萨城

但在这期间，沙俄侵略者重占雅克萨和尼布楚，并建立城堡作为殖民据点，勒索附近居民贡赋，奴役中国百姓。清朝在多次交涉无果的情况下，于康熙二十二年（公元1683年）调乌拉（今吉林市北）、宁古塔兵往黑龙江一带，于黑龙江瑷珲（今黑河）地筑城，增设黑龙江将军，并以宁古塔副都统萨布素为首任黑龙江将军。这表明此时的八旗驻防已经抵达黑龙江流域沿岸。

康熙二十四年（公元1685年）四月，在都统彭春、黑龙江将军萨布素的带领下，清军趁冰解，水陆并进，攻克雅克萨城。然在清军撤出城后，俄军于康熙二十五年（公元1686年）正月重新占据雅克萨。三月，清军在雅克萨周围筑垒挖壕，长期严密围困。800多名俄军官兵大多战死病死，最后只剩60余人。正当雅克萨城旦夕可下时，俄国政府同意接受清朝的建议，遣使举行边界谈判。清朝答应所请，准许侵略军残部撤往尼布楚。

康熙二十八年（公元1689年）七月，中俄使团在尼布楚正式举行边界谈判，清朝使团以国舅佟国纲、领侍卫内大臣索额图为首，俄国代表为戈洛文，双方进行了激烈的辩论。戈洛文提出以黑龙江为界的要求，被中方断然拒绝。但由于当时在西北地区，准噶尔部噶尔丹与沙俄都在对喀尔喀蒙古用兵侵扰，清朝拟出兵支持喀尔喀，为避免两线作战，集中打击准噶尔部，康熙帝指示谈判代表做出让步。俄国也因远征克里米亚失败，战线过长，竭力想保持既得权益。于是双方签订中俄《尼布楚条约》，规定两国东段边界以格尔必齐河、外兴安岭和额尔古纳河为分界线，南岸尽属中国，北岸尽属俄国。中国失去了尼布楚以东、额尔古纳河以西的广大地区，尼布楚城被划入俄国版图。但条约从法律上肯定了黑龙江和乌苏里江流域包括库页岛在内的广大地区属于中国领土。俄国拆除在雅克萨和额尔古纳河南岸修筑的据点后，撤出其军队。

黑龙江将军成为清朝在东北边疆设置的最高官员，将军衙门不久由瑷珲移至嫩江。康熙三十一年（公元1692年），清朝修建卜奎城（今齐齐哈尔）。康熙三十八年（公元1699年），将军衙门再移卜奎，直至清末。

### 驱逐准噶尔，与喀尔喀蒙古会盟多伦

清朝蒙古分为三大部：漠南蒙古（今内蒙古）、漠北蒙古（又称喀尔喀蒙古），还有漠西蒙古（又称厄鲁特蒙古）。崇德元年（公元1636年），漠南蒙古臣服清朝后，清朝对其实行盟旗制，编为六盟四十九旗，归中央的蒙古衙门管辖。崇德三年（公元1638年）改蒙古衙门为理藩院。而漠北喀尔喀蒙古在清朝初年已形成三部，分别由扎萨克图汗、土谢图汗、车臣汗统领。崇德三年，三大汗分别派使来盛

京，向皇太极呈表称臣，献上"九白之贡"，即每年进贡白马八匹、白骆驼一头，与清朝结成朝贡关系。

康熙年间，喀尔喀三部之间发生纷争，扎萨克图汗被杀害，所统部众多归附土谢图汗，双方交战不休。康熙二十三年（公元1684年），扎萨克图新汗上疏清朝请求出面调解。康熙二十五年（公元1686年），康熙帝派出理藩院尚书阿喇尼和西藏达赖使者到土谢图汗部参加会盟。会盟是蒙古各旗定期集会，协商解决重大事件的一种制度。阿喇尼在会盟时，向与会蒙古王公传达了康熙帝的指示，令其不要互相火并，尽解前怨，并命土谢图汗将新归附人民归还给扎萨克图汗，所谓"令其和协，照旧安居"。至此，喀尔喀三部重归于好。但随达赖使者一同前来的还有漠西蒙古的噶尔丹族人多尔济扎布，他借故谩骂土谢图汗以激怒之，土谢图汗果然将其执杀。于是，噶尔丹乘机插手，于康熙二十七年（公元1688年）率三万精锐骑兵越过杭爱山，突袭土谢图汗大帐，土谢图汗仓促向东溃退。噶尔丹又接连攻破喀尔喀蒙古右翼的车臣汗游牧地与左翼的扎萨克图汗游牧地。于是，经哲布尊丹巴呼图克图倡议，喀尔喀三部数十万众投清，并于九月至漠南，康熙帝将其安置在科尔沁水草地游牧。康熙二十九年（公元1690年），噶尔丹以追击喀尔喀为名继续东

多伦诺尔会盟碑

进，于是有了康熙帝的三次亲征。

第一次亲征发生在康熙二十九年（公元1690年）八月，康熙帝率军于乌兰布通（现名乌兰布统）重创噶尔丹的驼阵，噶尔丹拔营宵遁。

康熙三十年（公元1691年）五月，康熙帝为加强长城以北的边防和对喀尔喀蒙古的管理，銮驾出塞，于独石口外的多伦诺尔（今多伦）与内外蒙古各部王公会盟。康熙帝亲自主持会盟大会，包括土谢图汗、哲布尊丹巴呼图克图等都到会。康熙帝检阅了八旗兵，授册文和汗印于土谢图汗等，接受喀尔喀各汗及台吉朝拜，分喀尔喀三部为三十四旗，与漠南蒙古四十九旗一例编设，给地安插，设大宴厚赐之。

自此，喀尔喀蒙古与漠南蒙古一体，臣服于清朝。清朝在喀尔喀蒙古设乌里雅苏台将军（又称定边左副将军，驻扎在三音诺颜部的乌里雅苏台城），在科布多设参赞大臣，在库伦设办事大臣。此次会盟，确认了清王朝对漠北地区的有效行政管辖。

这一隶属关系直到宣统三年（公元1911年）才解除，当时以第八世哲布尊丹巴为首的蒙古王公和上层喇嘛，在俄罗斯帝国的策动下宣布"独立"，私自与俄罗斯帝国签订了非法的《俄蒙协约》（即《库伦条约》）。

# 西师与新疆、西藏的统一

文：刘凤云

　　新疆、西藏的统一过程与武力征服是分不开的，所谓"西师"，就是指清朝用兵西部的新疆和西藏。

　　在清朝，活跃在新疆地区的是蒙古三大部中最为强悍的漠西蒙古，也即厄鲁特蒙古，明朝称"瓦剌"。明正统年间，在土木堡俘虏过明英宗皇帝的就是厄鲁特蒙古的先祖瓦剌人。厄鲁特蒙古分为四部：以伊犁为中心的准噶尔部、以乌鲁木齐为中心的和硕特部、以雅尔（塔尔巴哈台）为中心的土尔扈特部，以及以额尔齐斯为中心的杜尔伯特部。明末，准噶尔部在巴图尔珲台吉时强大起来，因此和硕特部便迁到青海、西藏一带，土尔扈特部则迁徙至伏尔加河流域，其游牧地被辉特部所占，厄鲁特仍为四大部。

顺治三年（公元1646年），厄鲁特盟主和硕特首领固始汗与厄鲁特各部首领22人联名奉表贡，归顺清朝。清廷赐其甲胄弓矢，命其统辖诸部，确定了主权关系，青藏高原和新疆等地纳入清朝的主权版图。但在准噶尔部首领噶尔丹打败和硕特盟主鄂齐尔图汗，成为厄鲁特蒙古中最强大的一部后，厄鲁特改变了对清朝的态度。于是有了自康熙、雍正至乾隆朝方告成功的"西师"之役。

## 康熙帝三次亲征噶尔丹

噶尔丹是巴图尔珲台吉第六子，幼时在西藏从五世达赖学习，父死弑兄，于康熙十年（公元1671年）登上汗位。三藩反清时，他乘乱联合西藏上层集团出兵夹击和硕特部，派兵越过天山征服了南疆的回部，每年向回部强征六七万两的贡赋，并多次通使俄国，企图把自己的势力扩大到喀尔喀蒙古。康熙二十七年（公元1688年），噶尔丹越过杭爱山，突袭了土谢图汗并喀尔喀三部。接着，康熙二十八年（公元1689年），噶尔丹驻兵克鲁伦河，窥伺漠南蒙古。随后，进兵掠夺漠南蒙古乌珠穆沁部，在乌尔会河击败了清朝理藩院尚书阿喇尼率领的蒙古兵。

为使喀尔喀蒙古返回故土，实现边境地区的安定统一，康熙帝多次严谕噶尔丹敛兵，但噶尔丹不听。于是，康熙帝于康熙二十九年（公元1690年）八月进行了第一次亲征，于乌兰布通重创噶尔丹构建的"驼城"。噶尔丹大败诈降，随后乘夜逃到科布多。这一役，清军虽未能乘胜追歼，但噶尔丹的实力大损，曾被其征服的回部、青海、哈萨克各部纷纷投降清军。

康熙三十四年（公元1695年），噶尔丹重新组织起三万余精骑出扰克鲁伦河北域，声言借俄国鸟枪兵六万准备大肆南攻。于是，康熙帝第二次亲征。康熙三十五年（公元1696年）六月，由费扬古率领的西路清军在昭莫多与噶尔丹军相遇，噶尔丹的骑兵甚锐，有记载曰，其冒矢铳鏖斗，人人如怒虎。清军以拒马木列于前，双方酣战多时，不分胜负。这时，费扬古见对方阵后军马不动，断定为妇幼、辎重，令伏兵直扑其阵后，噶尔丹顿时不能首尾相顾，率众北逃。次年，康熙帝又进行了第三次亲征，追击噶尔丹。噶尔丹势单力孤，在众叛亲离中病死。但准噶尔的问题并未因噶尔丹的死而得到彻底解决。

乌兰布通战役

## 三次进兵伊犁、平定回部与伊犁将军的设置

在雍正朝，清朝与准噶尔的战争有两次，双方打成平局，西北地区维持了20余年的和平。双方战事重启，缘于阿睦尔撒纳的投清。

阿睦尔撒纳是一个血亲关系极为复杂的人，他是势力强悍的准噶尔汗策妄阿拉布坦的外孙，又是和硕特部拉藏汗的孙子，在策妄阿拉布坦杀死拉藏汗及其长子丹衷（即阿睦尔撒纳的父亲）后，成为遗腹子，他母亲改嫁给辉特部台吉，故其长大后继任辉特部台吉。而此时的准噶尔部在噶尔丹策零死后发生了内乱，作为外姓之人的阿睦尔撒纳与血亲关系更近的达瓦齐争夺准部的统治权，结果是阿睦尔撒纳战败。他投清后，备陈准部可取之状。于是，在清朝没有粮草准备的情况下，乾隆帝力主出兵。

乾隆二十年（公元1755年）二月，清朝发兵五万，兵分两路，直捣伊犁。进兵异常顺利，途中，准噶尔大者数千户，小者数百户，纷纷归降，行数千里，无一人抵抗。达瓦齐一向纵酒又不设防，更没有料到清军会如此迅速地到来，部下不战而降使其阵脚大乱，仅带亲信70余人逃往天山以南投奔乌什，结果被乌什城阿奇木伯克霍集斯擒获，送交清军。达瓦齐被押送至北京后，乾隆帝鉴于达瓦齐本人对清朝并无恶意，免死加恩封其为亲王，入旗籍，赐地京师。这是第一次进兵伊犁。

清朝顺利统一西北后，论功封赏阿睦尔撒纳为双亲王，食双俸，并封为辉特汗。但阿睦尔撒纳是个有野心的人，他觊觎的是整个厄鲁特蒙古的汗位。当初归附清朝，也不过是为了利用清朝铲除对手达瓦齐。于是，阿睦尔撒纳在奉命回热河朝觐受封的途中逃跑，随后聚众叛乱，围攻伊犁。时伊犁守军不过500余人，守将班第、鄂容安战死（一说自尽）。

乾隆二十一年（公元1756年）春，清军由策楞、玉保统领，从巴里坤等地分路进击，攻势凌厉。叛军很快溃败，清军重占伊犁。这是第二次进兵伊犁。

阿睦尔撒纳兵败后，逃往哈萨克。乾隆帝以达尔党阿、哈达哈为统帅追击阿睦尔撒纳，却迟迟追不到踪影。准部诸台吉认为清军无能，再度叛清，阿睦尔撒纳闻讯后自哈萨克返回，与准部诸台吉会合。时定边右副将军兆惠以1500兵丁守伊犁，闻变后且战且退，经过两个月，于乾隆二十二年（公元1757年）春退至乌鲁木齐，历经数十至百余战阵，士兵步行冰雪中，鞋袜不裹，瘦驼疲马也将要吃完，只能结营自固。这时，清军援兵自巴里坤赶到。三月，清军重整兵丁，由定边左副将军成衮扎布与定边右副将军兆惠统领，第三次进兵伊犁。

厄鲁特向不出痘，而这一年瘟疫流行，数十万户竟有十分之四先死于出痘。时阿睦尔撒纳已逃入俄罗斯境内，于九月出痘身亡。由于清政府的坚持，俄国最后交出了阿睦尔撒纳的尸体。清朝平定准噶尔的战争，至此取得了最终的胜利。需要说明的是，在国家统一的进程中，任何武力征服都会伴随着血腥的杀戮，乾隆帝平准也不例外。

平定伊犁后，清军挥师南疆。南疆为信奉伊斯兰教的叶尔羌汗国的故地，俗称回部。清军第一次平定伊犁后，解救了此前被囚于准噶尔部的回部首领大小和卓，大小和卓自策妄阿拉布坦时，即被强令率回人至伊犁种地贡租赋，被囚于地牢数年。获救后，清军派人护送大和卓波罗尼都回南疆叶尔羌（今莎车）继续统治旧部，留小和卓霍集占于伊犁治事。但小和卓霍集占参与了阿睦尔撒纳的叛乱，返回南疆后又自称巴图尔汗，杀害了清军副都统阿敏道等人，与大和卓联络反清，各部从者数十万人。乾隆二十三年（公元1758年），乾隆帝先是任命雅尔哈善为将军，率清军前往征剿。雅尔哈善在库车攻城未果，致小和卓等逃遁，于是改由兆惠统军南下追击。兆惠于叶尔羌黑水营与回部相持三个多月，大小和卓战败再次逃遁。清军追击至帕米尔高原的伊西洱库河谷，激战后，大小和卓再逃至巴达克山界（今阿富汗东北），被巴达克山汗擒杀，将其尸体送交清政府。叛乱至此被

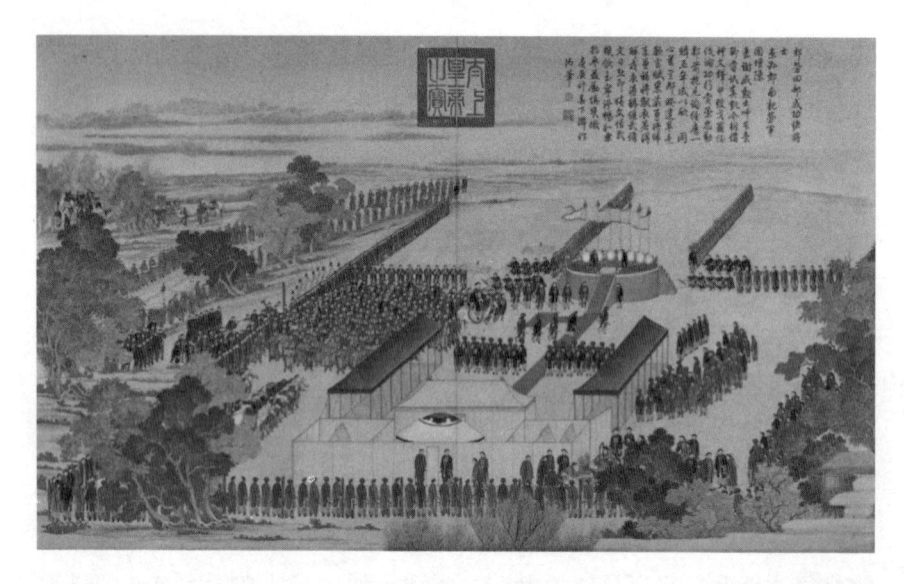

《平定准部回部得胜图》（局部）

平定。

乾隆二十五年（公元1760年）南疆平定后，清朝便开始讨论于新疆设兵驻守。但当时伊犁只有满洲、索伦、察哈尔兵800人，乌鲁木齐、巴里坤有屯田绿旗兵数千人。

直至乾隆三十七年（公元1772年），清朝在新疆正式施行军府制度，在伊犁设置将军，称伊犁将军，为新疆的最高军事行政长官，其职权是"节制南北两路，统辖外夷部落，操阅营伍，广辟屯田"。第一任伊犁将军是明瑞。伊犁将军下设都统、参赞大臣、办事大臣、领队大臣。乌鲁木齐设都统一员，伊犁（今霍城东南）、塔尔巴哈台（今塔城）、喀什噶尔（今喀什）各设参赞大臣一员，受命于将军，统辖全境驻防官兵，合称"四大镇"。伊犁一直是新疆通往中亚的重要通道，伊犁将军府旧址在霍城县惠远城内。

## 驱准保藏与驻藏大臣

在明末，统治整个西藏的是藏巴汗，但其在崇祯十五年（公元1642年）被来自青海的厄鲁特蒙古的和硕特固始汗推翻。固始汗是藏传佛教格鲁派的护法王，这个时候的西藏政权，军事上主要由固始汗及后来的汗王领导，宗教领袖是达赖喇嘛，行政官僚为第巴。在推翻藏巴汗后，固始汗与五世达赖、四世班禅共同派遣使者于崇德八年（公元1643年）到达盛京，清太宗皇太极立即率领亲王、贝勒、大臣等出城迎接。皇太极还对天行三跪九叩之礼，表达对西藏来人是得到上天护佑的感激。顺治三年，固始汗与厄鲁特各部首领22人联名奉表贡。顺治九年（公元1652年），五世达赖到达北京，顺治帝与其相见于南苑猎场。达赖因在京传法，被册封为西天大善自在佛达赖喇嘛。

康熙二十一年（公元1682年），五世达赖喇嘛去世，第巴桑结嘉措秘不发丧，诡称达赖闭关，长达15年之久。其间以达赖之名发号施令，暗中勾结准噶尔部，以对抗和硕特汗，并于康熙三十六年（公元1697年）立14岁的仓央嘉措为六世达赖，遣密使赴京请封。康熙四十年，和硕特拉藏汗继承汗位，与第巴桑结嘉措的矛盾日益尖锐。康熙四十四年（公元1705年），双方爆发了战争，第巴战败被杀。事后，拉藏汗奏闻康熙帝，并奏称六世达赖仓央嘉措不守清规（情歌诗人），是假达赖，请予"废立"。康熙帝准奏，命将仓央嘉措解送北京予以废黜，并于康熙四十八年（公元1709年）派侍郎赫寿前往拉萨。此为清朝介入西藏事务的开始。但赫寿为临时派员，未成定制。

西藏的内乱，给一直窥伺其地的准噶尔提供了机会。康熙五十六年（公元1717年），准噶尔汗策妄阿拉布坦派策零敦多布攻入拉萨，杀死拉藏汗。康熙五十七年（公元1718年），清朝由青海出兵入藏，结果战败。康熙五十九年（公元1720年），康熙派十四子胤禵为抚远大将军，率青海、四川、云南兵二次入藏，赶走准噶尔军队，护送七世达赖喇嘛入藏坐床。清兵4000人留驻拉萨。

康熙五十八年（公元1719年），清朝废除第巴官，同时不再恢复和硕特汗王管理西藏的旧制，即终结了和硕特汗在西藏80余年的统治，封赏西藏有功贵族以爵位，设置噶伦数人集体负责西藏地方政务。不久，五个噶伦之间的矛盾日益明显。雍正五年（公元1727年），在五噶伦内讧平息后，清朝派遣驻藏大臣，设立驻藏大臣衙门，同时留兵千名驻藏。乾隆十六年（公元1751年），设噶厦地方政府，任命三俗一僧的四噶伦以分权。雍正帝要求驻藏大臣代表中央政府会同达赖、班禅共理西藏事务。至宣统三年（公元1911年），驻藏大臣历184年，共83任。

## 《钦定西藏善后章程》与"金瓶掣签"

《钦定西藏善后章程》的出台与廓尔喀的两次入侵有关。廓尔喀自古不通中国，是乌斯藏以西一大部，今尼泊尔。乾隆四十四年（公元1779年），六世班禅入觐至热河为乾隆皇帝庆贺七十大寿，却于次年染天花圆寂于北京西黄寺。他的金身及大量礼品被运回西藏扎什伦布寺后，由其兄仲巴呼图克图独占，另一兄沙玛尔巴因分文未得，遂唆使廓尔喀入侵。乾隆五十三年（公元1788年），廓尔喀以税重、食盐掺土等为由，派兵2000入侵西藏，清朝派理藩院侍郎巴忠、成都将军鄂辉带兵进藏援助，廓尔喀请求和解。巴忠等人贪功邀赏，私许每年元宝1000锭作为赔偿，为期三年，以换取廓尔喀退兵。乾隆五十六

《平定廓尔喀得胜图》其一

年（公元1791年），廓尔喀借索赔之名，第二次大举入侵西藏，洗劫扎什伦布寺。乾隆五十七年（公元1792年），清朝以福康安为统帅，率大军进藏，将廓尔喀军队全部驱逐出境。随后，福康安遵照乾隆帝的谕旨，偕孙士毅、惠龄、驻藏大臣和琳等与达赖、班禅议定《钦定西藏善后章程》二十九条（藏文本），于乾隆五十八年（公元1793年）正式颁行。规定驻藏大臣督办藏内事务，其地位与达赖喇嘛、班禅平等；设置"金奔巴瓶"掣签制。司法、军事、财政等都有相关规定。

其中金瓶掣签制度尤其具有重要意义，它对藏传佛教四大活佛的转世进行了约束。此前，四大活佛的转世多出现在贵族之家，贵族操纵政教大权，活佛如世袭爵位，不利于清朝对蒙藏地区的管理。金瓶掣签制度规定，各地呈报的达赖喇嘛、班禅的呼毕勒罕的姓名及出生日期，用满、汉、藏三种文字写在签上，放入清政府颁发的"金奔巴瓶"中，在驻藏大臣的监督下，当众在大昭寺宗喀巴像前掣签，确定呼毕勒罕，从而加强了清朝对西藏的掌控。

总之，清朝历经康、雍、乾100多年完成了对新疆和西藏的统一，又通过伊犁将军确立了在新疆的有效行政管辖；通过驻藏大臣及相关法规制度，确立了在西藏的政教合一的统治。

现今，新清史的学者往往都把康乾时期的军事征服说成"清帝国"的征服，我想我们还是尊重历史本身，乾隆帝在征服新疆的过程中，仅限于用兵先前已经奉过表贡的厄鲁特蒙古，并没有将已经臣服的哈萨克、布鲁特这些新疆周边的民族与部落收并进来，这表明乾隆帝的军事征服是有国家疆域和民族认同的，所以用"统一"这一说法更为合适。

# 朱批奏折与军机处

文：刘凤云

在学术界，有一种比较普遍的说法，朱批奏折与军机处是清朝中央集权或者说皇权高度发展的产物。仔细想想，这种说法并不完全正确，因为无论是朱批奏折还是军机处，都是清朝皇帝对统治危机研判后的产物，至少最初的集权目的没有那么强烈。

## 奏折与朱批

奏折制度说到底就是一种文书制度。清初的文书制度原本沿袭明朝，公事用题本，私事用奏本，而题奏本章都不能直达皇帝，须先送内阁由大学士阅览票拟提出意见后,再进呈皇帝裁夺,这样既费时又易泄密。而奏折制度则不同,它是清朝的独创。它最大的特点是,奏折只限于皇帝和上折者两人知晓,私密性很强。写好的奏折经具折官员的家人或随从亲自送达京城皇宫,由皇帝亲自开启,用红笔批示,所以又称"朱批奏折"。皇帝朱批后,再交来人或通过驿站发回上折者执行,中间不必经过任何机构或个人,既快速又私密。所以,在一定意义上,奏折还是官员给皇帝打的秘密报告。而且康熙帝多次要求一些武将出身的满洲官员亲自书写奏折,告之不要怕字写得难看。

奏折也称折子,最早的记载见于顺治十三年(公元1656年),因是孤证,而且实物至今尚未被发现,故史学界一致的看法是奏折始于康熙朝。从目前出版的康熙朝满文和汉文朱批奏折档案来看,康熙二十年之前的满文奏折不超过10件,最早的一件是康熙十二年(公元1673年)的;汉文奏折始于康熙二十八年(公元1689年)。这一时期,清朝刚刚结束了平三藩的战事,反清的思潮尚存,尤其是在士大夫聚居的中心——江南。这群士大夫亲眼见证了清军入关的野蛮杀

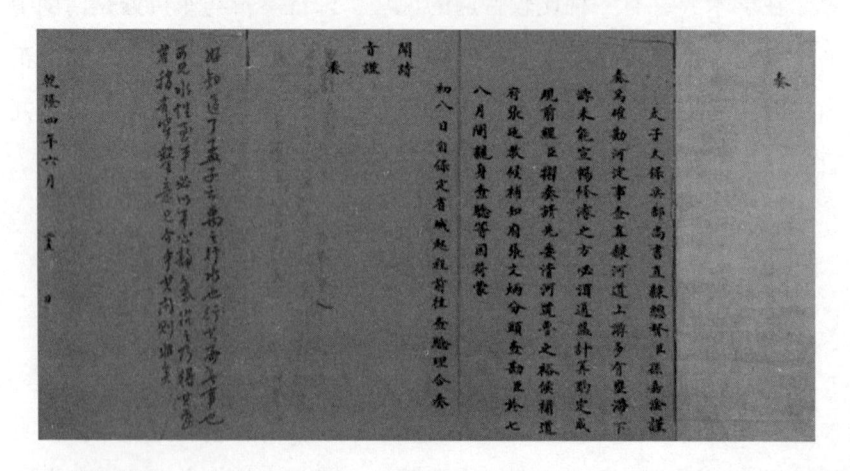

朱批奏折

戮，"亡国亡天下"是他们心里的剧痛。因此，康熙帝急需对全国特别是江南地方的动向进行了解，他有强烈的危机意识，用他的话说，就是清朝的统治"素未孚洽"。所以，在平三藩后，康熙帝拒绝群臣给他上尊号，并开启了他的南巡之路，就是要切实体察江南的社会民情。

从奏折的内容以及有权上折子的人员来看，最初的奏折很像皇帝打探地方事务的一个渠道，如织造曹寅、李煦等作为上三旗包衣出身的人被派到江宁与苏州，他们有上折权，目的之一就是搜集江南地方的官风舆情。例如康熙三十六年（公元1697年），曹寅奏报押运赈灾米到江淮发放的情形以及地方米价等。康熙四十二年（公元1703年），李煦奏报苏州缺雨及高士奇病故。特别是康熙四十七年（公元1708年）九月，康熙帝废太子。康熙四十八年（公元1709年）三月，重新恢复废太子的储君身份。当时围绕储君之争，中央与地方均有不少官员涉入其中，所以康熙帝要李煦等人奏报江南的情形。同时，严厉告诫李煦："此话断不可叫人知道。若有人知道，尔即招祸矣。"他们上奏的内容与其官职并无多大关系，但他们与皇帝之间的主奴关系使得这种情报更具有可靠性。

此外，还有对官员的监督。康熙帝经常让官员相互监视，以此了解官员的能力、操守等。康熙四十年（公元1701年），山西巡抚噶礼在奏折中说："奉上谕，于山西所属道员以下官员内，若有清廉爱民者，著奴才具折开列送内阁。"康熙四十三年（公元1704年），康熙帝又问噶礼："新布政使何如？绰奇何如？走时说了什么？赵凤诏较前何如？"这种书写的口气更像二人之间的书信，可以有更多、更深内容的交流，特别是在请安折、谢恩折中，很容易拉近君臣之间的距离。

此外，奏折还是君臣之间商讨行政事务的一个平台。地方督抚如有重大举措，又拿不准可行与否，不知皇帝的意图如何，就会在折子的后面说上一句，以试探皇帝的口风，以此来降低自己的政治风险。而康熙帝也通过奏折对官员提出警告。康熙四十年（公元1701年），阿山继任两江总督后，多次荐举张四教。康熙帝的批示是："尔谓张四教居官好。据巡抚高承爵奏称：皇上南巡时，张四教派银十万余两。尔二人之言，为何迥然不同耶？妄行保举人，应多加谨慎。"

久而久之，奏折的便捷和机密使康熙帝感到了它的必要，成为他了解民间政风舆情、下达秘密指令的重要渠道，从而加强了皇权。他说："天下大矣，朕一人闻见岂能周知，若不令密奏，何由洞悉？"所以，任何制度的形成，都不完全是预先设计好的，而是在发展过程中按照需要逐渐完善的。

雍正帝即位以后，先将康熙朝在官员手中的奏折一律收缴，动机虽被说成对自己皇位合法性的担忧，但客观上却使这些奏折得以保留，是做了一件对还原历史有意义的事情。在雍正朝，奏折的使用范围进一步扩大，凡属机密或应速递上奏的国家庶政，都可以用密折先行奏闻。而且奏折涉及的内容也十分广泛，几乎涉及当时政治与社会的方方面面，作为机密文书的奏折逐渐演变成非机密文书，被普遍使用。此外，还建立了存档制度，即奏折经朱批后，先要由军机处抄录一份，以供有关衙门传抄和存档，称为"录副奏折"，然后再发还本人。个别机密之件，皇帝认为不宜公开，就留在宫中，不抄录，称"留中"。

在康、雍、乾三位皇帝中，雍正帝是利用奏折达到极致的一位皇帝。据记载，雍正帝白天接见廷臣，傍晚观览本章，灯下批阅奏折，每至二鼓、三鼓。他每晚批折少则20～30件，多则50～60件。在他执

## 第二章　明清——统一多民族封建国家的巩固和发展

政的13年里，保存下来的朱批奏折有4万余件（汉文3.5万余件，满文6000余件）。而且雍正帝的朱批常常千言立就，数百字、数千字的朱批很多，还有很多是夹批。有人评价说，雍正帝对朱批运用得巧妙而有效，可谓前无古人了。的确，雍正帝不仅将皇帝的执政理念置于朱批中，且其中不乏嬉笑怒骂，将他与大臣们的关系及情感表露无遗。如雍正二年（公元1724年），川陕总督年羹尧上谢恩折，雍正帝有一很长的朱批，他告诉年羹尧，其长子年熙一直生病，他找人算命，说是因为年羹尧"克子"，所以做主将年熙过继给隆科多。他告诉年羹尧，隆科多对此事表示欣喜与感激，年羹尧之父也很"感喜"。雍正帝还反复强调"朕亦不曾欺你""朕实不忍欺你"等。对于雍正帝朱批中充满深情的话，孟森先生曾评价说："此批纽合年、隆，恳切竟非人所料，岂但从古君臣所无，家人父子间亦少此情话。"而雍正帝类似的批示非常多。相关研究，杨启樵先生较早就有成果，在此不再

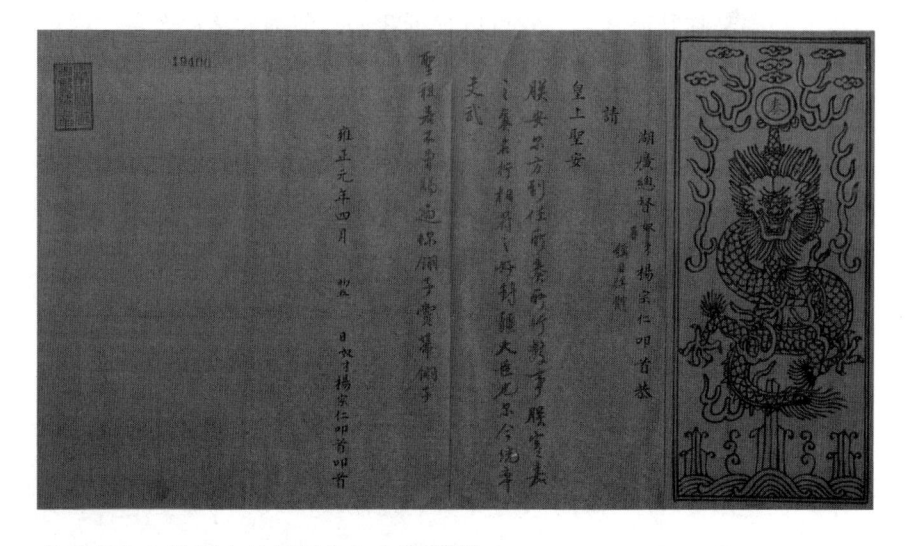

雍正皇帝朱批湖广总督杨宗仁奏请安折

赘言。

乾隆朝，奏折成了国家的正式官文书。首先是上折者的资格，只有高级官员，如文官、京官三四品以上或翰詹科道官员，地方官按察使以上或负有特殊使命的钦差官员，以及武官总兵以上等人，方有资格用奏折奏事。其次是对公文程式、运转关系以及缮写的字体等都有严格的规定，违者会受到处分。

乾隆十三年（公元1748年），清廷又谕令停止奏本的使用，从而使奏折与题本并重，到光绪二十七年（公元1901年），最终取消题本而专用奏折。目前保存在中国第一历史档案馆及其他一些单位的70多万件朱批奏折和百万件录副奏折，已成为研究清朝历史最重要的原始资料。

奏折与朱批，作为清代皇帝处理国家事务的重要记录，也是国家行政部门的原始档案，表达的是没有修饰过的历史。它剖开的社会断面，可以"近距离"向我们展示当时的政治、经济等社会面貌，甚至带给人一种身临其境之感。它可以告诉我们，清朝的掌权者是怎样借助奏折与朱批实施政治方针的，又是怎样将整饬吏治、监察民情直接掌握在自己手中，从而达到集权目的的。

## 清朝在政治上的另一个独创——军机处

军机处通常是以中枢机构的职能为人所知的，它被认为是在明朝以内阁制度取代丞相制度之后，对传统中国国家中枢机构的最后一次变革，在中国传统政治制度变迁中具有专制政治顶峰的重要地位。自民国以来，凡关乎清朝政治制度的研究，必言及军机处。有一种结论在学界已达到很高的认知度，即军机处是封建专制主义中央集权高度发展的产物。

但军机处为何不出现在其他朝代而出现在清朝？这恐怕与满人的行政习惯有关。早期在关外，努尔哈赤、皇太极时期，有八王共议国政的传统，入关后又有被称为"国议"的议政王大臣会议。特别是康熙朝，凡属重大军事活动，皆由议政王大臣会议议定。而在议政王大臣会议有了"国议"的地位后，康熙帝在康熙十六年（公元1677年）又在乾清宫内设南书房，最初只有两人，多的时候也不过十几人，主要职责是陪皇帝赋诗填词、写字作画。但其官员由于经常在皇帝身边，便得以不时参与机密谕旨的草拟，秉承皇帝的旨意办事。康熙二十七年（公元1688年），康熙帝为打压大学士明珠及其党羽，就授意入直南书房的徐乾学、高士奇等人去办。而从高士奇以六品官员入直南书房，到后来官员们对南书房趋之若鹜，正可说明南书房的非正式御用机构的作用及其变化。而南书房所具有的在宫禁之内及皇帝身

军机处外景

边、人数少、不易泄密等特点，与后来的军机处多有相似之处。

但军机处产生的初衷并非为加强皇权，它是雍正时期边疆危机形势下备战需要的产物。

康熙帝平定噶尔丹叛乱之后，准噶尔部又接连出现了父子两代枭雄——策妄阿拉布坦与噶尔丹策零。策妄阿拉布坦曾派兵越过戈壁进入西藏，杀死拉藏汗，欲取而代之，于是有了康熙末年皇十四子为大将军统兵入藏之举。雍正元年（公元1723年），又有厄鲁特蒙古和硕特汗继承者罗卜藏丹津在青海的叛乱。雍正帝依靠年羹尧平定叛乱后，派使臣前往准部赐给噶尔丹策零"洪台吉"的称号，并希望他交出逃跑的罗卜藏丹津，接受中央政府的管理。但噶尔丹策零既拒绝交出罗卜藏丹津，也拒绝了雍正帝的封号。

因此，对雍正帝这样一位铁腕人物而言，弹压西北准部的分裂势力势在必行。于是，在完成对政敌的清算，确立自身统治的绝对权威之后，他便决定着手处理西北问题。于是，在雍正七年（公元1729年）就有了为办理西北军务而设的军机处，开始准备对准部的战争。随后在雍正九年（公元1731年）和雍正十年（公元1732年），清朝与准噶尔部打了两场大战，一场是在和通泊战败，另一场是在光显寺险胜，一胜一负打了个平手。

这期间，军机处展现了在保证皇权行使的有效和便捷方面的优越性，使雍正帝对它有了新的认识，随后便将其纳入行政中枢体系。

首先，可以入军机处的官僚完全由皇帝亲自选用，军机处仅设有军机大臣、军机章京二职。军机大臣人数无定额，多寡随皇帝所欲。最初仅3人，后增至4～8人，最多时达11人。主要在大学士中选用，六部尚书、侍郎以及院寺堂官中偶有当选者，属于特简，还有少数人是由军机章京升任的。

军机章京又称"小军机",也称"军机司员",最初人数无定额,至嘉庆四年(公元1799年)定为满、汉各16人,分满、汉各8人为一班,专办文稿和记录档案。军机章京多在内阁中书中选用,六部主事、院寺司员中也可保送。

军机处所有的人都属于临时差遣,人在军机处办公,编制和官职仍在原有衙门。而且军机大臣、军机章京之下无属员。军机大臣与军机章京之间虽有一定的隶属关系,但又都直接对皇帝负责。这就是所谓的"有官而无吏"。

其次,军机处不是一个正式的国家机构,没有办公衙门,仅有值房。值房位于隆宗门内、乾清门外西偏小平房内。小平房原为板房,乾隆初年才改建为瓦屋。因地近宫廷,便于宣召,故有学者将其称为内廷机构。

综观军机处的全部活动,它的职能基本上可归纳为办文牍、备顾问两项。办文牍,包括处理下行的皇帝谕旨和上行的官员奏折,下行的有明发上谕和寄信密旨。备顾问,包括对所有皇帝交议事件提出建议。其中大到施政方案、军事方略,小到官员任免、奖叙、参劾等事,甚至皇帝进住圆明园和热河避暑山庄,以及狩猎、出巡、祭祀等

傅恒画像

活动，亦必须令军机大臣扈从陪侍，以备顾问。可见，军机处更像一个咨询、顾问兼秘书机构。

军机处官员精干、年富力强，办事速捷。皇帝每日召见军机大臣共商国家大事，乾隆朝傅恒出任首席军机大臣后，又有所谓"晚面"，即在白天集体进见皇帝后，晚上再度奉召进见。这说明军机处的建立，并非为了强化皇帝的独裁统治，而是清朝皇帝在沿袭满洲传统时，无意中发现这种机构能行之有效又十分快捷地解决问题，不否认它在运行过程中对加强君权有重大作用，所以清朝皇帝有意识地去加强和发展了它。

另外，军机处建立之后，未被调到军机处的大学士在内阁主持工作，他们负责阅读中央和地方上达的题本，然后票拟出处理意见，皇帝认可后正式下达。由于军机处设立后，军国大政都由军机处处理，国家中枢亦偏重于此，所以有人说军机处设立后，内阁成为"闲曹"。其实不然。在乾隆朝，每年经由内阁票拟的各部院的题本多达6000余件，内阁处理的是国家的日常行政事务，是使国家机器得以正常运转的中央机构。军机处以处理重大军国事务为主，内阁与军机处只是皇帝指令下达的不同渠道而已。而且，军机处依然承担着某些西北边疆的行政事务，一些学者也正在对此展开进一步的深入研究。

总之，清朝对国家机构的建设，虽说承继了明制，但作为马上得天下的边疆少数民族，其统治者更倾向于高效、简捷的治国风格。

# 惩贪与治吏

文：刘凤云

自古以来，贪腐必失民心，纵贪必至滋乱，因而惩贪也成为官僚政治中一个永恒的话题。

## 康熙失之宽纵，雍正铁腕反腐

清朝将"贪"作为官员八法处分中最为严厉的一项，规定但系贪官，一律革职，永不叙用。对于官员贪腐，清朝的皇帝都有深刻的认识。康熙帝明确指示："凡别项人犯，尚可宽恕，贪官之罪，断不可宽。"为揭露更多的贪官，康熙帝允许御史"风闻言事"，就是允许

雍正帝朝服像

御史根据坊间传闻弹劾贪黩的官员。但康熙治下的宽政还是容易导致腐败，虽然他也诛杀了一些贪官，比较有名的当属户部尚书赵申乔之子太原知府赵凤诏，二品以上大员有总督噶礼、步军统领托合齐等。噶礼与托合齐虽以贪墨被诛，背后的原因却与牵连太子党有关。所以，康熙帝惩贪终归还是失之宽纵，用雍正帝的话说就是"未曾将侵蚀国帑、贪取民财之人置之重典"，以致吏治因循废弛，弊端丛生。

雍正帝即位，面对的是国库亏空千余万，大小婪赃案不可胜计的局面。他深切地感到："朕若不加惩治，仍容此等贪官污吏拥厚资以长子孙，则将来天下有司皆以侵课纳贿为得计，其流弊何所底止。"所以，登基一个月，雍正帝宣布全面清理钱粮，谕令凡有亏空，限三年之内如数补足。如限满不完，定行从重治罪。可以说，雍正帝以清理国库钱粮为名，掀起的是一场整治官场贪腐的政治飓风，几乎将所有官员都卷入其中。而查处的结果，更是自督抚到州县，几乎无官不亏空。当时，对于亏空的原因，朝廷中不乏"因公挪用"的说法，因为清朝的地方财政拨款存在严重不足的情况。但是雍正帝并不认同，在他看来，亏空的原因主要在于官员借端侵渔，知县等官员直接侵蚀库银，然后行贿上司，一旦追查便开始挪移掩盖，受贿上司为其隐瞒，迫令新任官员接受亏空。新任官员又借此挟制上司，任意侵蚀，形成贪污钱粮的亏空链。

所以，雍正帝即位后，便将清理亏空和惩贪的重点放到了地方上。经过一段时间的清查，发现每一亏空案背后都能牵出一条利益集团的关系链，仅隆科多受贿案就牵扯赵世显、满保、苏克济、甘国璧、吴存礼、鄂海、佟国勷、李树德等8名督抚，而且他们自身都背负着巨额亏空。如山西巡抚苏克济是被康熙帝称作居官安静的"好官"。雍正元年，由潞安府知府裴章等诸多官员首告，苏克济以450万两巨额亏空被逮。随后，苏克济承认其借军需之名支取官员俸工银，然后婪入私囊，并收受年节礼品、生日贺礼，并5次大计考核官员、入京谒见等项，共侵吞425万余两的事实。又如，江苏亏空案是由巡抚尹继善等人查明的。尹继善用了3个月的时间，在雍正六年（公元1728年）末查出，江苏本省亏空260余万两，外省咨追银共170余万两。前任江苏巡抚吴存礼一人亏空库银达40余万两，全部用于行贿。从吴存礼那里抄出一张行贿的单子，上面记着他行贿京城的王公贵族及大小官员名字，有大学士9人，部院尚书、侍郎30余人，王公贵戚十数人，而总人数达200余人。

山东巡抚李树德任内的钱粮，"无着银三十余万两，无着谷十二万五千余石"。被查审后，有一份"帮助借给族人亲友捐纳银两清册"，上有41员，"共计帮助借给捐助银五万一百两"，其中有他的族叔、族兄弟、堂叔、堂兄弟等。另据《雍正朝起居注册》记载，李树德"为伊亲戚捐纳有八十余人"。

对于巨额亏空，清查不过是发现问题，弥补亏空才是解决问题。在这一点上，雍正朝与康熙朝不同的是：一是亏空官员一律革职赔补（先前康熙朝允许革职留任赔补，官员可以利用在任的机会继续敛财）；二是落实失察上级分赔的政策，即实行连带责任制，所谓"州县力不能完，则上司有分赔之例"。康熙朝虽有此定例，但并未很好地执行。三是追缴家产更趋严厉，不仅将亏空官员本人监禁，抄没家产，而且追及子孙家人。

雍正帝惩贪、追赔有句名言："务必严加议处。追到水尽山穷处，毕竟叫他子孙做个穷人，方符朕意。"发此狠话，既反映了雍正帝惩贪的坚决，也说明他对国情的认识。因为在他看来，官员贪污多是为家庭子孙谋利。所以，他对惩治贪官的要求是"籍没家产""父债子偿"。在雍正帝看来，贪官婪取钱财都是"肥身家以长子孙"，必欲穷追，不惜严刑夹讯，且不吝功臣勋戚。

由于专制制度赋予了皇帝至上的权力，所以雍正帝的这些措施得以顺利实施。经过七年有余的严厉整顿，吏治与财政方面均见成效。在这个过程中，雍正帝不是孤立的，他起用了一批官员。具体做法是，在中央成立了直属于皇帝的独立审核机构——会考府，各省督抚大员，全部换成以"风力"著称的干练能臣。在不到半年的时间里，雍正帝更换了10个省的巡抚。如山西巡抚诺岷、江西巡抚迈柱、河南巡抚石文焯等，他们与地方亏空没有瓜葛。与巡抚同步更换的还有布政使。布政使的更换更是频繁，14个省在雍正元年进行了全面调整，其中山西、山东、安徽、湖南、湖北五省进行了两次以上的更换。这种对布政使和巡抚的频繁调动，明显是出于贯彻和推行清查亏空这一重大举措的人事考虑，也表达了雍正帝清理亏空的决心和力度。而在此过程中，雍正帝又实行了耗羡归公的财政改革与改变低俸的养廉银制度。

雍正帝整饬贪官，可谓铁腕反腐，横扫了官场的污浊之气，对官吏起到了警示作用。乾隆帝评价说："我皇考临御以来，澄清吏治，

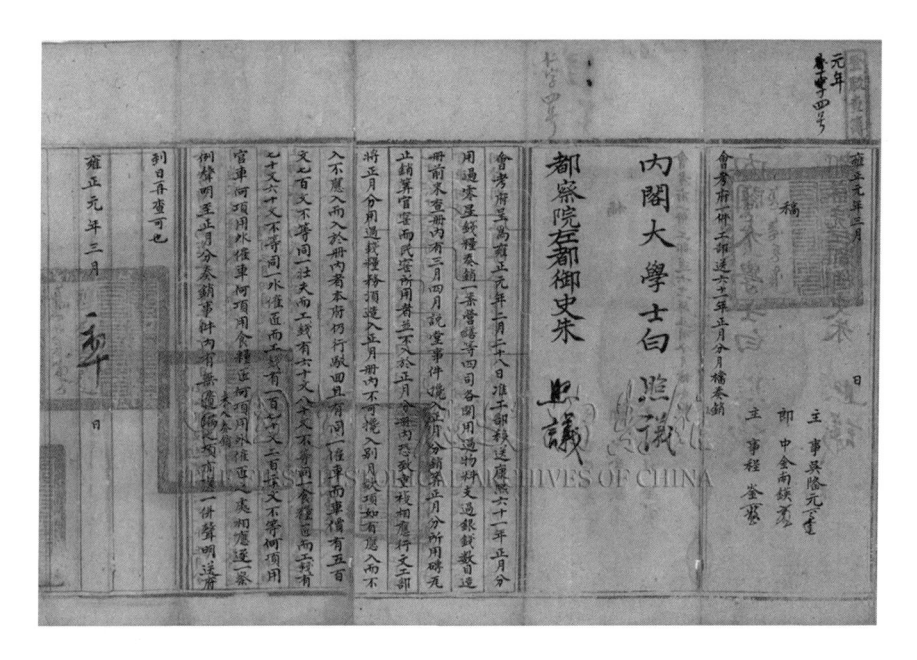

会考府档案

凡此等官侵吏蚀之习，久已弊绝风清。""虽满汉官员等用度不能充余，然无甚贫甚富之别，且不贻后日身家之患……"而时人也有评价说，雍正朝的官员人人都是清官。所以，经过雍正朝13年的统治，官员中以贪致富者基本得到整治。在乾隆帝接收的政治遗产中，官僚群体形成一个"无甚贫甚富之别"的阶级状态，这很似一个王朝创建伊始的状态。故有了乾隆初政崇尚宽大的现象。

但自乾隆六年（公元1741年），乾隆帝发现侵贪之案渐多。他指示尚书讷亲、来保，将乾隆元年（公元1736年）以来侵贪各案人员，实系贪婪入己，情罪较重者，查明后陆续发往军台效力，以为贪赃者之戒。对于贪官，乾隆帝与其父有着相同的认识。他曾说，贪官"甘陷重辟，忘身殖货，以为子孙"。他举例说："云南省之戴朝冠直取库银，付原籍置产。且恃年逾七十，冀得瘐死了事。刘櫰侵蚀多至累万，而伊子且携资捐纳。此等之人，尚使其肥身家而长子孙，将明罚敕法之谓何？"

在执政10余年后，随着各省贪污亏空案渐多，乾隆帝认识到，贪污者渐多，实缘于该管上司见皇帝办理诸事往往从宽，遂一以纵弛。于是，乾隆帝做出了由宽向严的政策转变，特别是在管官治吏方面，他继续采取雍正以来的风力作风和铁腕手段，严惩贪官。乾隆帝的做法是，凡因贪入狱的官员，原定死罪，在秋审时一旦限满不能完赃，就勾决处死，不再给以缓决。他解释之所以这样做，是因为向来完赃限满之后，不过继续监追，不判死罪，于是这些人侥幸于拖得久就会得到赦免，以致贪吏公然视国帑为私藏，任意花销侵蚀。

## 甘肃冒赈案

尽管如此，到了乾隆后期，被压制下去的贪污及亏空钱粮事件还是在各省悄然滋生了。最令人称奇的是乾隆四十六年（公元1781年）的甘肃捏灾冒赈案，揭出全省官员集体贪污。在这起案件中，自封疆大吏至州县牧令60余人以侵盗钱粮罪被处死，其余免死发配边疆者57人、抄家者165人。乾隆帝称之为"从来未有之奇贪异事"。接下来我们具体讲讲此案。

先是乾隆三十九年（公元1774年）二月，陕甘总督勒尔谨以甘肃省粮食储备不足，而现存库银又不足以买补为由，奏请在甘肃开纳粟捐监之例（许民人出钱买监生身份），户部议以本色（粮食）报捐，奉旨允行，并将浙江布政使王亶望调往甘肃主持捐监事宜。王亶望，山西临汾人，其父王师曾任江苏巡抚，出身官宦人家。初为举人，捐纳得知县，累官至布政使。王亶望到任甘肃后，将原定各州县捐监统归于首府兰州办理，布政司衙门也在兰州，从而掌控了全省的捐监事宜，并私自将征收本色粮食改为征收折色银两，随后串通全省官员将折色银两侵冒入己。为掩盖侵盗行为，他们谎报甘肃连年遭受旱灾，将上报的捐监银两数额以赈灾名义陆续奏销。

王亶望等在开捐半年之后即称报捐人数近2万，捐粮82万石，遂引起乾隆帝的怀疑。乾隆四十年（公元1775年）春，乾隆帝特派刑部尚书袁守侗前往甘肃查验，因事先得到通报，没有查出实情。乾隆四十二年（公元1777年）五月，王亶望升任浙江巡抚，宁夏道台王廷赞补授甘肃藩司，折监冒赈一如从前。乾隆四十六年（公元1781年），甘肃循化厅苏四十三率众起义围攻兰州，总督勒尔谨被革职，藩司王廷赞自请捐银4万两以助军饷，而王亶望在此前浙江海塘工程中也捐银50万两之多。王亶望、王廷赞等何以家计如此充裕？这又引起乾隆帝的怀疑，他断定其中必有侵欺之弊。

当年五月，乾隆帝派大学士阿桂为钦差大臣，与陕甘总督李侍尧前往甘肃严查。特别是在办理苏四十三一案时，阿桂等屡次奏报得雨，乾隆帝始获悉甘肃历年旱灾请

阿桂像

赈全属虚报，又经李侍尧遍省访查，得知"通省粮石，尽属纸上空文"，即甘肃从未买过一粒粮食。至此，数年以来，将捐监的粮食改为银两，随后私分银两，以救灾冒销的奇贪大案终于水落石出。而如此大规模且持续六七年之久的贪赃，其直接后果不仅仅是吏治的全面败坏，更严重影响了国家的财政，这些贪官除了将捐监银两全部侵蚀之外，还侵吞了各州县的钱粮。

据李侍尧奏陈，兰州、巩秦、平庆、甘凉、西宁、宁夏、安肃等7个道的仓库，通共亏空银809,000余两，粮196,000石。皋兰等34厅州县仓库共少银888,000余两，亏空仓粮740,110余石。

### 贪腐何以难禁？

在乾隆后期，腐败并非个别情况，除了这起甘肃布政使王亶望主导的捐监冒赈案之外，还有山东巡抚国泰等婪赃营私案、两广总督富勒浑贪赃不法案，以及闽浙总督伍拉纳婪赃受贿案等，都是督抚大员的贪腐。而乾隆帝也从来不吝杀伐。乾隆一朝被诛杀的二品以上大员，共有20余人之多，贪纵枉法者如恒文、蒋洲、良卿、方世俊、王亶望、国泰、陈辉祖、郝硕、伍拉纳、浦霖等督抚大吏接连被乾隆帝处死。这种状况，不要说康熙朝未见，就是以严猛著称的雍正朝也是见不到的。但是，乾隆朝的吏治不要说不及雍正朝，甚至连康熙朝也赶不上。这又是为什么呢？问题在于乾隆帝在制度上贯彻不力。雍正年间的官员亏空分赔之例规定甚严，凡属掩饰，"朦混徇庇之该管各上司"，都逃不掉分赔的处分。乾隆元年虽沿袭了分赔的规定，但在实施"惇大之政"的过程中，分赔已不见了踪影。还有，乾隆帝处理贪官全凭其个人的好恶，如我们前面讲到的云贵总督李侍尧，本应以贪纵婪索之罪按律正法，但他在乾隆帝的庇护下，不仅保住了性命，第二年还被用为陕甘总督，而后始终在总督位上。乾嘉时期的大学士王杰指出，乾隆后期日益严重的腐败现象与乾隆帝的宠臣和珅有关。他说："迨乾隆四十年以后，有擅作威福者，钳制中外，封圻大臣不能不为自全之计，而费无所出，遂以缺分之繁简，分贿赂之等差。馈送之外，上下又复肥己，久之习以为常。"

可见，在乾隆朝，法制规章常常被皇帝个人的意志取代，官僚大臣的赏罚生杀全在皇帝的一念之间，而面对乾隆帝的高压政治，官僚往往会寻求一种政治上的平衡，在官场上求得相安无事。于是，"上和下睦"、瞻徇袒护，成沾染日深、牢不可破之势。这在一定程度上说明，当专制权力毫不顾及常规的约束时，官员的秩序感便会被这种随意性搅乱，出于对皇权的畏惧，官员的盲从、官风的懈怠，乃至明哲保身、无所作为，便成了官僚政治颓靡的必然现象。

# 文字狱和闭关锁国

文：刘凤云

文字狱是清朝实施的文化专制，它钳制了人们的思想和进步因素。闭关锁国造成中国在18世纪看不到世界的发展，远远落后于西方，这在学术界几乎是一个不争的事实。那么，清朝的皇帝究竟要负怎样的责任呢？为什么在康乾时期，圣明的君主实施了如此让人诟病的政策呢？这是我们本节要讨论的问题。

## 文字狱概述

在中国历史上，思想文化专制由来已久，远至秦朝的焚书坑儒、西汉的"罢黜百家，独尊儒术"等。相比之下，清朝的文字狱打击面更广，杀戮更为惨烈。纵观清朝的文字狱，以康、雍、乾三朝最多，从康熙到雍正再到乾隆，文字狱愈演愈烈。有人统计过，康、雍、乾三朝的文字狱有200余起，其中乾隆一朝就有130余起，且愈演愈严酷。不论为官为民，亦不论满人汉人，甚至已死去几十年的祖先所写的诗文，一旦与文字"悖逆"沾上边，便会惹上杀身之祸，株连九族。在涉案严重而有名的案例中，修史获罪的，有庄廷鑨的《明史》案、戴名世的《南山集》案、汪景祺的《西征随笔》案；治经获罪的，有吕留良的《四书讲义》案；诗文获罪的，有胡中藻的《坚磨生诗钞》案、徐述夔的《一柱楼诗》案等。还有以科场试题获罪的查嗣庭案，等等。

　　清朝以少数民族入主中原，对自身统治稳固性的高度关注，对汉族特别是知识分子的刻意防范，无疑是清朝文字狱多的原因之一。但有些文字狱完全是望文生义，欲加之罪，这就是帝王以实现专制统治为目的所采取的驭官驭民的权术。我们不妨试举一两个例子来加以解读。

　　先说康熙朝的《明史》案。顺治年间，浙江乌程南浔镇富户庄廷鑨双目失明，想效仿左丘明以盲人著史成为史学家，于是买来明朝大学士朱国祯的《明史》遗稿，延揽江南一带的才子吴炎、潘柽章等16人修史。书中尊奉明朝年号，不承认清朝的正统，还提到了明末建州女真旧事，直呼努尔哈赤为"奴酋"、清兵为"建夷"等。由于归安知县吴之荣的告发，康熙二年（公元1663年），清廷兴文字大狱。是案牵连千余人，凡作序、校阅、刻书、卖书及藏书者，均被处死，被杀者70余人。时庄廷鑨已死，被掘墓焚骨，庄氏全族获罪。杭州将军松奎、浙江巡抚朱昌祚以下所有失察官员，革职查办。不难看出，康熙朝的这起文字狱是由江浙士大夫的反清意识引发的。

## 望文生义

雍正时期的文字狱有20多起，初期多与朋党政敌有关。到了乾隆朝，文字狱越发密集，且多为望文生义。有影响且有代表性的文字狱要数《字贯》案。

乾隆四十二年（公元1777年），有江西新昌县民王泷南检举举人王锡侯，称其删改《康熙字典》，另刻《字贯》。《字贯》序中有称《康熙字典》"穿贯之难也"的句子，王泷南认为此乃悖逆之语，请求将王锡侯治罪。经巡抚海成审问，王锡侯交代，"穿贯之难"并非指《康熙字典》，而是指学者理解之难，王泷南与其有私怨，乃挟仇报复。海成认为，王锡侯书中虽无悖逆之句，但仍有指责《康熙字典》收字过多、理解不易的意思，实为狂妄不法，请革去其举人身份。但当乾隆帝看到海成送上来的《字贯》凡例中直书孔子及康、雍、乾三帝名讳时，顿时大怒，认为"此实大逆不法"，应照大逆律问罪，并责备海成仅革去王锡侯举人身份的处罚实大错谬。随即命海成作速亲往王锡侯家中搜查，同时选派大员，将王锡侯锁拿押解京城，交刑部严审治罪。该案的处置结果是，王锡侯照大逆罪斩立决，三个儿子、四个孙子斩监候，秋后处决，其他人发配边疆为奴。巡抚海成斩监候，发往乌什效力，布政使、按察使革

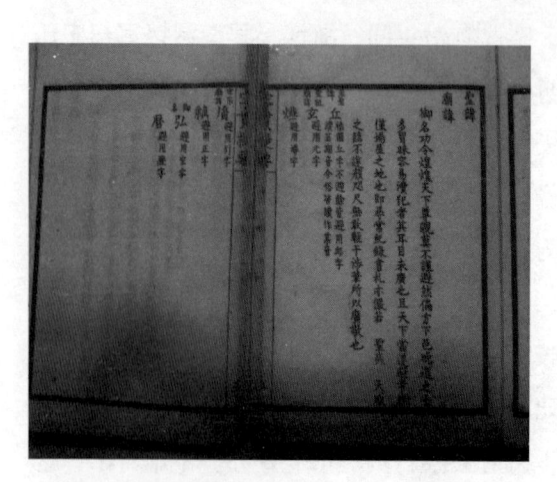

《字贯》凡例的最后部分"圣讳、庙讳"

职，两江总督降一级留任。

《字贯》案发生时，正值清朝清查禁书，各省督抚对查禁并不卖力，王锡侯刚好是一个杀鸡儆猴的例子。虽然王锡侯出于文人立言的心愿，作《字贯》不过是要按照字义将汉字各归其类，便于查找，但他没有避讳，后来感觉到不妥，做了些补救。乾隆帝自己也说过"避名之典，乃文字末节，无关大义"之类的话，经常标榜自己"不为已甚"。但这次清廷还是要重惩王锡侯，不惜诛杀其子孙，就是要向敢于著书立说的士大夫立威，不许他们有丝毫不利于朝廷的言行，鼓励告发，并借此警告办事不力的官员。《字贯》案树立起一个恶劣的样板，文字狱由此接二连三地发生。第二年，江苏东台县便有监生呈控徐述夔的《一柱楼诗》有悖逆之词。是案发生后，乾隆帝再次从严处罚，株连甚广，失察的布政使死于狱中。其后文字狱更是发展到近乎疯狂的程度，各省诘告者不绝，官员明知情况不实也要从重治罪，造成人人自危的局面。乾隆帝也达到了控制文化、钳制思想的目的。

乾隆朝密集的文字狱并非孤立的现象，乾隆帝先是将降清的汉人一律以"贰臣"入史传，又修《四库全书》，再实行禁书。禁书期间，制造了蛛网般密集而又不合逻辑的文字狱，这正是乾隆帝的独断个性及皇权意识作用于专制国家的最直接的表现，也是他帝王生涯中最大的败笔。

## 考据学由何兴起？

这里还要质疑一个说法，就是文字狱是考据学的成因。梁启超在《清代学术概论》中说："文字狱频兴，学者渐惴惴不自保，凡学术之触时讳者，不敢相讲习。"鲁迅也说："为了文字狱，使士子不敢治史，尤不敢言近代事。"在这种文化专制恐怖主义之下，曹雪芹在写《红楼梦》时不得不声明此书大旨言情，都是"假语村言"，其良苦用心就是躲避残酷的文网。所以，他们认为清人从事考据学是为了逃避文字狱的迫害而躲入故纸堆中。持这种观点的还有章太炎、孟森、萧一山，以及中华人民共和国成立初期的老一辈史学家。文字狱为考据学成因这一说法几成定论。

但在20世纪80年代，有学者开始对上述说法提出质疑，认为清代考据学兴起与文字狱没有必然的联系，它们之间并不存在因果关系。清政府对一些纯学术的"异端"思想是有所容忍的，士大夫转向考据学，是受家学、师友和社会风气的影响。我通读清朝学人传记，也有同感。在那个信息不通、交流困难的年代，可以获得的书籍、知识是有限的，外界的影响也是有限的，学者的成长受家庭及师友的影响更多一些。考据学或者说汉学在当时有如一种治学的时尚为读书人所推崇，并形成潮流，被追随者推动。考据学兴盛的原因，从根本上说在于其本身所具有的生命力和吸引力。而且乾嘉学人并非学术专制下的懦弱者，在他们身上看不出遭受文字狱打击之后的世故，一些学者照样具有鲜明的个性和反叛精神，如戴震等。

## 闭关锁国，故步自封

闭关锁国也叫作闭关自守，就是国家在政治、经济、文化等各个方面都不与外界有任何联系。那么，清朝为什么要闭关呢？事实上，清朝闭关经历了"三闭三开"，每个时期闭、开的原因都不尽相同。

清初，沿袭明朝成规，不许外国商船进入广州，只准于澳门交易。随后，由于东南海上郑成功抗清力量的存在，清廷严行出海之禁。闭关的目的主要在于隔绝大陆民众与郑氏抗清武装的联系，防范反清势力集聚海上。于是，顺治十三年（公元1656年）有了对东南沿海省份"无许片帆入海"，违者立置重典的"禁海令"。顺治十八年（公元1661年），朝廷进一步下达"迁海令"，以保证"禁海令"的施行，强迫海岛和沿海居民内迁30~50里，设界不得逾越。又在法律上规定：凡将牛马、军需、铁货、铜钱、布匹等出界贸易及下海者，杖一百；护送人口、军器出界下海者，处绞；将情报泄密者，处斩。"禁海令"和"迁海令"使沿海居民流离失所，并严重影响了沿海地区的经济发展。

尽管规定如此严厉，禁海期间，沿海官民仍在进行走私贸易。康熙初年，赴日商船平均每年有30艘左右。平三藩后，福建巡抚吴兴祚奏请开海禁，但廷议没有通过，主要是台湾郑氏尚未降附。康熙二十二年（公元1683年），统一台湾，随后康熙帝派出钦差考察广东、福建。康熙二十三年（公元1684年），清廷正式宣布开海禁，在江、浙、闽、粤四省设置江海关、浙海关、闽海关和粤海关，开启了清朝历史上的四口通商贸易。这时的海上贸易有若干具体规定，如海上贸易船只载重量限500石以下，严禁将硫黄、军器等物私载出洋贸易等。与清朝进行海外贸易的国家主要是日本和东南亚诸国。四口开通后，欧洲国家，首先是荷兰，接着是英、法等国相继与清朝建立贸易关系。但与西方的贸易主要限制在广东、福建两省，如康熙二十三年（公元1684年）在厦门设立洋行，康熙二十五年（公元1686年）在广州设立十三行，分别经营进出口贸易，并代收税银。清廷允许英、法等国商船以澳门作为停泊地与中转贸易地。

广州十三行

　　当时，海外贸易的输出商品主要是生丝和丝织品，其次是茶叶、瓷器、药材、皮革、白糖、纸张、书籍等。在输入商品中，日本铜是清朝铸钱必需的原料，其次是海产品。从东南亚输入的商品，主要是胡椒、香料、牛角等。西方的商船载运大量白银，到中国购买生丝、绸缎、茶叶、瓷器等。康熙五十五年（公元1716年）全年到达广州的外国商船总共有11艘，载白银100余万两。在18世纪的百年中，清朝在海外贸易中一直处于出超的有利地位，世界白银流向中国。

　　但是，开海禁后出现了令清政府不安的现象。原来，每年造船出海贸易者多至千余，而返回者不过十之五六，不少人留居南洋。统治者因此认为"数千人聚集海上，不可不加意防范"，并认为南洋各国历来是"海贼之渊薮"。于是，在康熙五十六年（公元1717年）宣布"南洋海禁"，这也是第二次海禁，严禁中国商船到欧洲人控制下的南洋地区进行贸易，严令沿海炮台拦截前往的船只，命水师各营沿海巡查。

南洋海禁之后，一度繁荣的对外贸易迅速萎缩，沿海经济日趋萧条，对当地居民造成严重影响，甚至有用四五千金建造的大船，因不能出海而朽烂于港口。而生活无着的穷民，被迫逃亡海上，或铤而走险。为此，朝廷中不乏开禁的呼吁者。

雍正五年（公元1727年），即南洋海禁10年后，清政府重开南洋贸易，限令出洋贸易之人3年内回国，否则不许回籍。但持续不过30年，清政府再次限制对外贸易。

起因是乾隆初年，英国人为了向外推销其纺织品并接近产茶、产丝地区，力图在广州以北扩张海口。英国通事洪任辉率英国武装商船多次驶入浙江定海、宁波，这引起了清朝的重视。乾隆二十二年（公元1757年），清朝明确下达禁令，夷船此后只许在广州停泊贸易，不得再赴浙江海口。这是清朝对外贸易政策的一大转折，即针对外国势力北上而厉行闭关政策，只准在广州一口贸易。这是第三次闭关。

此后，清朝在对外贸易中又实行商行制度，即广州十三行的延续，以进行垄断，只允许少数富商设立"公行"，负责与外商开展进出口贸易，并代表清政府与外商交涉。乾隆二十四年（公元1759年），两广总督李侍尧奏请制定《防范夷商规条》，

李侍尧像，出自《御笔平定台湾二十功臣像赞》

规定"防夷五事"：一是永行禁止外国商人在广州过冬，必须冬住者只准在澳门居住；二是外商到广东，"令寓居行商管束稽查"；三是禁止中国商人借领外商资本及外商雇汉人为佣工；四是严禁外商雇人传递消息；五是在外国商船停泊处以军队稽查。"防夷五事"对对外贸易严加管理，使闭关政策成为制度。

清朝实行闭关政策，是传统经济的产物，故而国家在政治上自然闭关自守。乾隆帝在其《敕谕英吉利国王书》中说："天朝物产丰盛，无所不有，原不借外夷货物以通有无。"此外，满洲统治者对汉人防范甚严，他们惧怕外国人支持汉人反抗清朝的活动。乾隆帝曾说"民俗易嚣，洋商杂处，必致滋事"，所以清政府一再严申"华夷之别"，制定各种防范夷人章程，就是要隔绝中国人与外国人的任何交往。

清政府实行闭关政策，构筑了一道隔绝中外的堤墙，阻碍了中国社会的前进。清廷对出海贸易横加限制，也严重影响了经济的发展。同时，也使中国人民与世界潮流隔绝，不明世界大势，而清朝的统治者更是闭目塞听，其结果正如魏源所说："以通事二百年之国，竟莫知其方位，莫悉其离合。"

公元1840年，英国侵略者终于用大炮轰开了中国的大门，这就是第三次开关。清政府对自身经济实力和政治实力的盲目自大，使其失去了看世界的机会。

清朝康雍乾时期给我们留下的遗产，有实实在在的国土与疆域，也有历史的经验与教训。